서강 영어영문학 총서 04

영국 문학의 아이콘
영국 신사와 영국성

An Icon of British Literature:
The English Gentleman and Englishness

서강 영어영문학 총서 04

영국 문학의 아이콘: 영국 신사와 영국성

An Icon of British Literature: The English Gentleman and Englishness

---

초판 1쇄 발행 | 2015년 8월 31일

지 은 이 | 김영주
발 행 인 | 유기풍
편 집 인 | 우찬제
발 행 처 | 서강대학교출판부

주 소 | 서울특별시 마포구 백범로 35
전 화 | (02)705-8212
팩 스 | (02)705-8612
등 록 | 제313-2002-170호(1978년 9월 28일)

ISBN 978-89-7273-269-3 94840
ISBN 978-89-7273-265-5(세트)

판매·유통 | ㈜서강하우· http://www.hawoo.co.kr

값 9,000원

서강 영어영문학 총서 04

영국 문학의 아이콘
영국 신사와 영국성

An Icon of British Literature:
The English Gentleman and Englishness

김영주 지음

서강대학교출판부

머리말

2001년 6월 나는 영국의 오래된 장원을 찾아 여행을 갔다. 웨일즈에서 열렸던 학회에 논문을 발표하러 간 길이었지만, 실제로는 학회가 끝난 뒤의 일정에 더 들떠 있었다. 처음 가 본 웨일즈의 뱅거는 조용하고 아름다운 해안 도시였다. 바다는 깊고 푸르러 보였고, 공기도 무척 맑고 고요했던 기억이 난다. 영국의 6월은 밤 9시가 되어서도 하늘이 훤해서 인상적이었다. 나는 사흘 동안의 학회가 끝난 뒤 기차를 타고 런던으로, 그리고 런던을 거점 삼아 기차로 다닐 수 있는 몇 군데 영국의 장원을 방문하는 여행 일정을 짰다.

그 당시 나는 박사 학위 논문을 준비 중이었다. 20세기 영국 장원 소설을 중심으로 영국사의 부침에 따라 영국성이 형성, 재형성되는 맥락을 살펴보겠다는 논문 제안서를 낸 뒤였다. 문화지리학이라는 새로운 학문적 관점을 도입하여 영국 문학의 주요 전통인 장원 소설의 명맥을 살피고, 전통을 현대적으로 변용한 흥미로운 소설들을 읽고 해석하고자 함이었다. 때마침 뱅거에서 학회 일정에는 근처에 소재한 장원 펜린 캐슬

(Penrhyn Castle)을 방문하는 소풍도 포함되어 있어서 나는 여러모로 들떠있었던 것으로 기억한다.

나의 영국 장원 순례의 첫 번째 장소는 켄트에 있는 펜즈허스트(Penshurst Place)였다. 펜즈허스트는 영문학 독자에게 익숙한 필립 시드니 가문의 영지인데다, 장원 문학의 전통을 소개하는 글을 읽자면 언제나 언급되는 터라 꼭 찾아가보고 싶었던 곳이었다. 1616년 벤 존슨은 「펜즈허스트에게」("To Penshurst")에서 필립 시드니 경의 형인 로버트 시드니 백작의 덕을 기리고 펜즈허스트의 풍요로움을 한껏 칭송했었다. 1341년에 지어진 대저택과 정원을 한가롭게 천천히 둘러보았다. 6월의 정원은 정말 아름다웠다. 탐스러운 꽃들이 만발한 장미 정원, 작은 연못, 사과 나무, 밤나무 등 과실수가 심어진 정원의 이곳저곳을 작은 아치들을 지나 거닐기도 했고, 저택의 내부도 돌아보았다. 인상적인 기억으로 남은 것은 저택의 갤러리와 홀이었다. 꽤 긴 회랑에는 근엄한 차림에 엄숙한 눈길을 담은 초상화들이 줄지어 나를 내려다보고 있었다. 웅장하고 견고해 보이는 나무들보가 양쪽에서 떠받치는 높은 천정에 아치형의 긴 유리창이 있는 커다란 홀에 들어서자 벤 존슨이 「펜즈허스트에게」에서 묘사했던 연회장에 들어서는 기분이었다.

무엇보다도 '아, 이런 곳이 홀이구나', '아, 갤러리라는 게 이런 거구나' 하면서 연상 작용과 인지 작용이 일어나는 게 스스로 재미있었다. 영어가 모국어가 아니고, 영국 문화에 익숙하지 않다면, 갤러리는 일반적으로 일반 대중에게 미술작품을 전시하는 공간으로 이해될 것이다. 영문학을 공부하기 시작하면서 갤러리가 대저택의 일부 공간을 지칭하는 것이 의외로 여겨졌었다. 갤러리라는 곳이 저택의 다른 곳과 어떻게 연결되며, 어떤 공간으로 쓰이는지 경험하게 되자 익숙한 소설의 장면들이 더 생생하게 떠올랐다. 예를 들어 오스틴의 소설 『오만과 편견』에서 엘리자베스가 다아시의 저택 펨벌리를 방문해서 홀을 지나 갤러리로 들어서는 장면을 읽을 때, 홀이 어떤 곳인지, 갤러리라는 곳이 저택의 어떤 부분일지 잘 모르고 읽었었다. 이 장면은 엘리자베스의 내면에 동요가 일고 다아시의 사랑과 관대함을 깨닫는 순간이라 소설의 흐름상 아주 의미 있는 부분이다. 펨벌리의 갤러리에서 다아시의 초상화를 찾아내고 그 눈길을 마주 하는 장면, 엘리자베스가 초상화 속의 눈길을 받으며, 실제 그의 눈길을 기억해내는 장면을 더 생생하게 그려볼 수 있었다. 물론 가문마다, 저택마다 갤러리의 모양새와 용도는 다를 수 있고, 펨벌리의 실제 모델은 펜즈허스트가 아니지만 말이다. 아마도 윌리엄 워즈워드의 「수선화」("Daffodils")를 읽으며 수선화의 꽃잎의 모양과 색깔, 잎새의 모양을 떠올리는 것과 그저 장미가 아닐 어떤 꽃을 연상하는 것과의 차이일 것이다.

기억에 남는 또 다른 장원은 옥스퍼드셔에 있는 블레넘 팰리스(Blenheim Palace)이다. 말보로 공작의 영지이자 윈스턴 처칠의 생가로 유명한 블레넘 팰리스는 18세기 초에 바로크 양식으로 건축되었다. 팰리스라는 이름에서 알 수 있듯이 엄청난 규모의 저택이었고 부속 영지도 무척 넓어서 구경 다니다가 곧 지쳤던 기억이 난다. 영국 신사의 공간이라는 서재가 인상적이었다. 멋진 나무 책장에 가죽 장정본들이 즐비한 서가와 안락한 의자, 길고 넓은 서재의 끝에는 파이프 오르간이 설치되어 있었다. 묵직한 장정본들이 자아내는 무게감과 안락하게 꾸며진 서재에서 풍겨나는 과거의 문화는 그 자체로 매력적이었고, 과거의 신사 문화에서 계급과 교양이 밀접하게 연동되어 실행되었음을 미루어 짐작할 수 있었다. 또 하나 기억에 남는 것은 계급으로 나뉘는 저택 구조이다. 저택의 소유주 일가의 공간은 집사를 비롯한 하인들의 공간과 뚜렷하게 분리되어 있었다. 하인들의 공간은 되도록 저택의 아름다운 외양을 거스르지 않도록 숨겨져 있었고, 음식을 만들어내는 주방도 음식을 먹는 식당과 멀리 떨어져 있어서 음식이 도착할 즈음엔 음식이 다 식어 있을 정도였다고 한다. 소위 위층(upstairs)과 아래층(downstairs)으로 나뉘는 저택 구조에서 장원 문화를 떠받치는 근간이 계급 구조이며, 이 계급 구조가 공간에 물리적으로 작용하는 방식을 볼 수 있었다.

블레넘의 역사에서 흥미로웠던 점은 19세기 말 9대 말보로 공작이 미국 부호 밴더빌트 가의 상속녀와 결혼함으로써 대저택과 영지를 유지할 수 있었고, 그에 어울리는 문화를 영위할 수 있었다는 사실이다. 영국의 귀족 가문으로 계승되는 전통과 문화가 대서양 건너 미국의 활기와 자본과 결합한 여러 사례 가운데 하나일 것이다. 아마 지금 블레넘을 돌아본다면 최근 한창 인기를 끌었던 영국 BBC 프로그램 〈다운튼 애비〉(*Downton Abbey*)를 떠올릴 것 같다. 20세기 초 시대가 바뀌고 삶의 조건이 현대화되는 격변 속에서 영국의 전통을 옛 방식대로 지켜가고 싶은 영국신사, 그와 결혼한 미국인 상속녀, 그 일가의 삶을 장엄하고 아름다운 저택을 배경으로 펼쳐 보이는 드라마에 영국인들은 물론 대서양 건너 미국인들도 열렬한 성원을 보냈기 때문이다.

마지막으로 영국 남동부 해안 도시인 브라이튼에 있는 로얄 파빌리온(Royal Pavilion)을 갔던 기억을 더듬어보자. 18세기 후반에 지어졌다는 로얄 파빌리온에서는 소위 오리엔탈리즘을 선명하게 목격할 수 있었다. 천정이 높고 넓은 홀은 온통 동양적인 모티브로 가득 차 있었다. 이국적인 나무와 새 장식들이 천정에 그려져 있고, 연꽃을 형상화한 거대한 등이 휘황찬란하게 늘어뜨려져 있었다, 벽면은 전통 의상 차림의 중국인들을 담은 그림으로 채워져 있었다. 블레넘에서도 중국 도자기와 가구들이 저택의 내부를 장식하고 있었지만, 로얄 파빌리온의 연회장은 아랍풍과 인도풍, 중국풍이 뒤섞여 화려하기 그지없었다. 섬나라를 벗어나 바닷길을 통해 중동과 아프리카, 아시아 대륙으로 세를 뻗어나갔던 대영제국의 흔적이었고, 영국 상류층의 문화에 강렬한 흔적을 남긴 영국의 오리엔탈리즘의 면모를 한껏 드러내는 듯했다. 온갖 동양적인 그림과 조형물로 가득 찬 연회장을 빠져나와 바닷가를 거닐었다. 빅토리아 시대에 가장 번성했다는 여름 휴양지 브라이튼을 찾은 그 날은 마침 날이 흐리고 선선해서 철 지난 바닷가를 찾아온 듯 했는데, 타지마할을 연상시키는 로얄 파빌리온의 잔상이 바로 그랬다.

영국 문학을 공부한 지는 오래되었지만 영국을 여행한 것은 처음이었다. 짧은 여정이어서 아쉬웠지만, 그 여행을 기억에 담고 돌아와 논문을 완성했다. 돌이켜보면 그때 둘러본 펜즈허스트와 블레넘, 로얄 파빌리온은 영국 장원 문화와 문학에서 특징적인 양상들을 대변한다. 이들은 영국의 자연과 땅에 뿌리내린 문화라는 자부심, 시골 마을 공동체의 중심이라는 자긍심, 영국 정치와 권력의 본산이라는 자의식, 대영제국의 부와 권위, 이국적 문물에 대한 낭만적인 동경 등 다채로운 영국의 문화를 드러낸다. 영국 전역에 산재한 장원들은 이런 문화를 통해 배양되거나 강화되는 영국성의 소산이자 상징물이다. 이들 장원과 저택들은 현재 사적인 소유물인 동시에 사회 공공의 유산이라는 인식 하에 영국의 문화유산으로 관리되고 보존되고 있다. 20세기 후반 번성한 문화유산운동과 문화유산산업의 중심에 있는 영국의 장원은 영국성의 기호로 관광 산업, 출판 산업, 영화 산업, 패션 산업 전반에 뚜렷하게 각인되고 있다.

이 책에서 다루는 영국 신사는 장원 문화와 연관된 영국성의 또 다른 결정체이다. 영국 전역에 퍼져 있는 장원은 형성 시기에 따라서 매우 다른 건축 양식을 드러내며, 소유주인 가문의 내력과 취향에 따라 규모나 내용에서 큰 차이를 보인다. 중세 시대부터의 명망을 자랑하는 유서 깊은 장원이 있는가 하면, 근대에 이르러 신흥 상류 계층의 입지를 과시하는 장원이 있다. 귀족 문화와 밀접한 장원이 있고, 시골 촌부의 토지와 저택에 가까운 장원도 있다. 형성 시기와 규모, 건축 양식과 소유주의 신분에 따라 각양각색인 영국의 장원 문화는 그 다양성에도 불구하고 영국 문화와 영국성의 면모를 대변하는 기호로 통용된다. 영국 신사도 마찬가지이다. 기록에 남은 신사의 기원은 14세기까지 거슬러 올라가며, 영국사의 변천에 따라 이상적인 신사상도 달라져왔다. 귀족 작위를 가진 영국 신사도 있고, 넓은 영지와 대저택을 소유한 신사도 있으며, 바닷길을 헤치고 나가 해전을 치르고 돌아온 신사도 있다. 명예를 중시하고 결투에 응하는 신사가 있고, 학식과 교양을 강조하는 신사도 있으며, 예의와 매너를 중시하는 신사도 있다. '신사'라는 기표는 끊임없이 새로운 의미를 담아내며 그 외연을 확장해 왔다. 오늘날에는 그 개념을 더 이상 규정할 수 없을 정도로 모호해졌지만, 영국성을 대변하는 기호로 여전히 유효하다.

올해 초 개봉한 영화 〈킹스맨: 비밀첩보원〉(*Kingsman: The Secret Service*)은 비밀첩보원의 고전인 007시리즈의 계보를 잇는 매력적인 신사를 남자 주인공으로 내세워 많은 관객을 모았다. 장원 문학의 대명사로 지금도 널리 읽히는 오스틴의 소설 『오만과 편견』을 원작으로 한 1995년 BBC 시리즈물에서 다아시 역을 맡았던 콜린 퍼스가 후계자를 양성하는 영국의 비밀 첩보원으로 나왔다. 드라마와 영화 모두에서 콜린 퍼스는 교양 있는 억양과 말쑥한 정장 차림, 올곧으면서도 유머러스한 매너를 지닌 영국 신사의 매력을 진하게 풍겼다. 영화는 새로운 신사 세대/새 비밀 첩보원으로 탄생하는 엑시의 이야기를 영국적인 계급 갈등을 골자로 전개한다. 이 책에서 다룬 영국 신사의 변천사와 이와 관련된 영국성에 대한 논의 또한 계층과 계급의 갈등과 분화를 축으로 한다. 한정된 시간과 지면으로 더 다채롭고 풍요로운 영국 신사 이야기를 풀어내지 못한 것이 아쉬움으로 남지만, 영국 소설을 애독하는 독자들과 영국 신사의 이상과 허상에 대해 공감하는 장이 되기를 바란다.

2015년 8월

김영주

차례

머리말

01

신사되기 / 17

02

제인 오스틴의 『오만과 편견』과 『설득』

사관과 신사 / 37

03

E. M. 포스터의 『하워즈 엔드』

잃어버린 우산과 신사 / 81

04

카주오 이시구로의 『지난날의 잔재』

신사와 집사 / 117

05

신사의 품격 / 153

참고문헌 / 159

01

영국 문학의 아이콘: 영국 신사와 영국성

01

신사되기

"신사"(gentleman)라는 개념과 신사 문화는 영국 문화의 뿌리 깊은 전통의 일부이다. '신사'의 기원은 중세시대까지 거슬러 올라가며, 오늘날에도 유효한 개념이다. 제프리 초서(Geoffrey Chaucer 1343-1400)부터 최근 영국 작가인 앨런 홀링허스트(Alan Hollinghurst 1954-)에 이르기까지 600여 년에 걸쳐 형성된 영국 문학에서 영국 신사의 모습을 찾는 것은 어렵지 않다. 중세부터 21세기에 이르기까지 영국 문학의 아이콘으로 자리잡은 '신사'는 과연 무엇인가? 제인 오스틴 팬클럽의 연인 다아시부터 코믹북 『킹스맨: 비밀첩보원』(*Kingsman: The Secret Service* 2014)의 첩보원에 이르기까지 영국 신사는 현대 독자에게도 매우 친숙하고 매력적인 인물이다. 말쑥한 정장 차림에 세련된 언변을 구사하며, 정중하고 품위 있는 매너를 지닌 상류층 영국 남성의 이미지는 우리가 쉽게 떠올릴 수 있는 '영국 신사'에 무리 없이 적합한 듯 하다. 그렇다면, 영국 신사는 맞춤 정장, 화술, 매너를 갖춘 영국 귀족 혹은 부유한 영국 남성인가?

영국 사회에서 "신사"라는 용어와 함께 연상되는 다양한 요소들을 떠올려 보면, '신사'는 이 단순한 이미지로 설명될 수 없는 복잡다단한 사회문화적 요소들을 지니고 있음을 알 수 있다. 중세의 기사, 세인트 조지, 궁정의 귀족, 군인, 정치가, 법률가, 학자, 사업가, 제국의 관료, 세련된 옷차림과 화술을 뽐내는 궁정인, 시골의 촌스러운 지주, 도시적인 댄디, 향사(esquire), 영지가 딸린 대저택, 런던의 타운하우스, 문장(coat of arms), 식민지에 세워진 플랜테이션, 서재, 여우 사냥, 폴로, 럭비, 스포츠, 그랜드 투어(grand tour), 에티켓, 결투, 실크햇, 맞춤양복, 클럽, 감정의 자제(stiff upper lip), 노블리스 오블리제, 명예, 공명정대, 가문, 재산, 교양, 품위, 교육, 이튼, 럭비, 샌드허스트, 옥스브리지. 이 연상 목록으로 미루어 볼 때 신사는 다양한 신분과 계급의 남성을 지칭하며 때로는 상반된 이미지를 떠올리게도 한다. 신사를 규정하려는 과거의 시도를 몇 가지만 살펴보더라도 마찬가지이다. 18세기에 사뮤엘 존슨(Samuel Johnson)은 신사의 가장 중요한 요소로 가문과 혈통을 꼽은 데 반해, 같은 시대에 리처드 스틸(Richard Steele)은 신사라는 칭호는 신사다운 행동을 하는 사람의 몫이라고 보았다. 1851년 존 스튜어트 밀(John Stuart Mill)은 신사의 규범은 "행동, 성격, 습관, 그리고 외양"을 포함한다고 말했지만, 1862년 제임스 피츠제임스 스티븐(James Fitzjames Steven)은 신사는 "선인도 아니며 현자도 아니며, 단지 사교적으로 호감이 가는 남자"라고 보았다. 오스카 와일드(Oscar Wilde)는 "신사는 의도하지 않고서는 다른 사람의 기분을 거슬리게 하지 않는다."는 아리송한 문구를 남긴 반면, H. 드루먼드(H. Drumond)는 "신사는 신사적이지 않은 행동을 할 수 없는 사람"이라는 더 아리송한 정의를 내린다.

이처럼 신사에 대한 정의도 다양하며 신사와 연관되는 요소도 다양하다. 현대에 가까워질수록 신사를 규정하려는 수많은 시도는 오히려 규정할 수 없음을 드러내는 듯하다. 여러 종류의 영어 사전을 찾아보면 '신사'를 한마디로 정의하기가 어려움을 더욱 실감하게 된다. 신사는 "예의가 바르고 점잖은 사람", "문벌이 좋은 사람", 역사적으로는 "귀족이 아니면서 가문(家紋)을 다는 특권을 가진 사람", 역시 역사적 맥락에서 "(궁궐·귀족 등의) 시종, 종복," 법적으로는 "고정된 수입이 있는 무직자" 등 특정 범주의 사람을 가리키는 용어인가 하면, 일반적으로 남자를 지칭하는 경칭으로서 "남자분"을 뜻하거나, 복수형으로 사용하여 "남자용 화장실"을 의미하기도 한다. 먼저 소개된 세 가지 의미가 '신사'라는 용어의 유래와 변천을 시사한다면, 마지막 두 가지 의미는 '신사'라는 용어가 원래의 유래를 벗어나 오늘날 일상생활에 광범위하게 사용되고 있음을 시사한다.

다시 '신사'의 유래와 사전적 의미를 확인하자면, '신사'(gentleman)의 어근은 옛 프랑스어 "gentil"이며, 영국의 신사 문화와 밀접한 관련이 있는 '젠트리'(gentry) 또한 여기서 파생했음을 알 수 있다. '신사'(gentleman) 및 '젠트리'(gentry)와 연관된 'gentility'를 콜린즈 동의어 사전에서 찾아보면 그 결과는 대체로 다음과 같다. "귀족, 귀족 태생, 예의 바름, 정중함, 궁정식 예절, 문화, 예의범절, 우아함, 엘리트, 에티켓, 격식, 양가, 가문이 좋은 사람, 젠트리, 좋은 집안, 예의, 공손함, 품위, 정중한 언행, 점잖음, 소양, 신분, 세련됨, 존경할 만한 지위, 지배 계급, 상류계급, 최상류층, 세련된 언행"(aristorcasy, blue blood, civility, courtesy, courtliness, culture, decorum, elegance, elite, etiquette, formality, gentle birth, gentlefolk, gentry, good breeding, good manners, high birth, mannerliness, nobility, polish, politeness, propriety, quality, rank, refinement, respectability, ruling class, society, upper class, upper crust, urbanity). 동어반복적이기도 한 이 목록 역시 신사의 신사성, 신사다움을 규정하는 데 있어 모호함을 불식하지는 못한다. 이 목록 중 어느 하나의 요건도 신사를 온전히 설명하지는 못하며, 이 목록 상의 모든 요건을 갖추어야 신사라고 불리는 것도 아니다.

다만 위 목록에 제시된 연관어들을 몇 가지 범주로 분류할 수 있다. 우선 눈에 띄는 것은 혈통과 가문이다. 중세 시대에는 신사 계층을 구분하는 데 있어 가장 중요한 요소가 혈통과 가문이었다. 원래 '신사'(gentleman)는 '가문의 문장을 소지한 신사'(gentleman of the coat of arms)의 줄임말로 이때 문장이란 12세기 초 기사들이 치르는 토너먼트나 전쟁터에서 기사가 사용하는 방패에 달거나 갑옷 위에 덧입은 코트에 수놓은 표식이 그 시초이다. 문장은 처음에 왕 · 영주 · 귀족 · 기사 등 군대와 관계되는 계층에서 사용했으며 1483년 수립된 영국의 문장원(the Herald's College)에는 1245년경 이후의 문장에 대한 기록이 보관되어 있다. 문장이 세습과 혼인으로 복잡한 변화를 보임에 따라 가계도에 관한 분별이 필요해지면서 문장원은 1529년과 1686년 사이에는 영국 전역을 순회하면서 문장을 지닌 가문의 가계보를 추적하고 문장 상속의 적법성과 특권을 결정하였다. 이로 미루어 보아 당시에는 가문의 문장을 사용할 권리와 자신의 이름 뒤에 "Gent"를 덧붙여 서명할 권리를 지닌 신사들을 쉽게 판명할 수 있었던 듯 하다. 제임스 1세는 아들을 신사로 만들어 달라는 유모의 청에 왕이 그를 준남작으로 만들 수는 있어도 신이라도 그를 신사로 만들 수는 없다고 대답했다고 전해진다. 제임스 1세의 신사 만들기 불가론은 신사의 요건으로 혈통과 계보를 중시하는 관습에서 비롯된다. 왕이 하사하거나 인정하는 직위나 작위가 신사가 되는 충분 조건이 아니며, 이 당시의 신사는 명망 있는 가문의 계보에 따라 타고나는 신분이었다고 볼 수 있다. 장원 소유주의 문장이나 특별한 가문에 속하는 세습적인 문장은 계승되는 신분을 공식적으로 표시하는 것이므로, "문장 있는 가문의 신사"라는 표현은 신사 계층을 구분하는 데 있어서 혈통과 가문이 차지하는 중요성을 암시한다.

이러한 어원과 유래에서 기원하여 19세기에 이르기까지 혈통을 따라 상속되는 명망 있고 유서 깊은 가문이 신사의 주요 요건으로 여겨져 왔다. 그러나 실제로는 가문의 문장이 쉽게 거래되기도 하였으며, 문장을 사용할 권한을 둘러싼 분쟁이 끊이지 않아 문장의 계보는 신사 계층을 결정하는 데 있어서 절대적으로 믿을 만한 근거가 되지는 않았다. 결혼과 상속 등의 관행으로 계보를 추적하기 어려워지거나 문장을 거래하는 풍속에 따라 혈통의 정당성을 입증하기 어려운 경우가 빈번해지면서 신사의 충분 요건으로 혈통과 계보의 중요성은 점차 줄어들었지만, 자유 농민 이상의 신분 혈통은 19세기에 이르기까지 신사의 필요 요건으로 여겨졌다고 할 수 있다.

신사 문화를 규정하는 다른 범주는 계급 구조화된 사회적 신분이다. 젠트리 계층은 대대로 토지를 소유하고 이를 통해 부를 축적한 계층을 말한다. 젠트리와 젠틀맨은 종종 혼용되어 쓰이는 용어로 서로 밀접하게 관련되어 있지만, 같은 대상을 지칭하는 것은 아니다. 젠트리는 원래 기사의 장자와 차남, 각각 향사(esquire)와 신사(gentleman)를 통칭하는 용어로 신분 구조상 귀족 계급의 아래 신분을 가리킨다. 계급 구조상 젠트리는 주로 토지를 기반으로 하는 지방 지주로 이루어지는데, 토지 소유가 여러 대를 거듭해 오면 그 가문은 더욱 안정된 기반을 갖는 것으로 여겨졌다. 젠트리의 토지는 장자상속제와 한정상속제의 시행으로 여러 대를

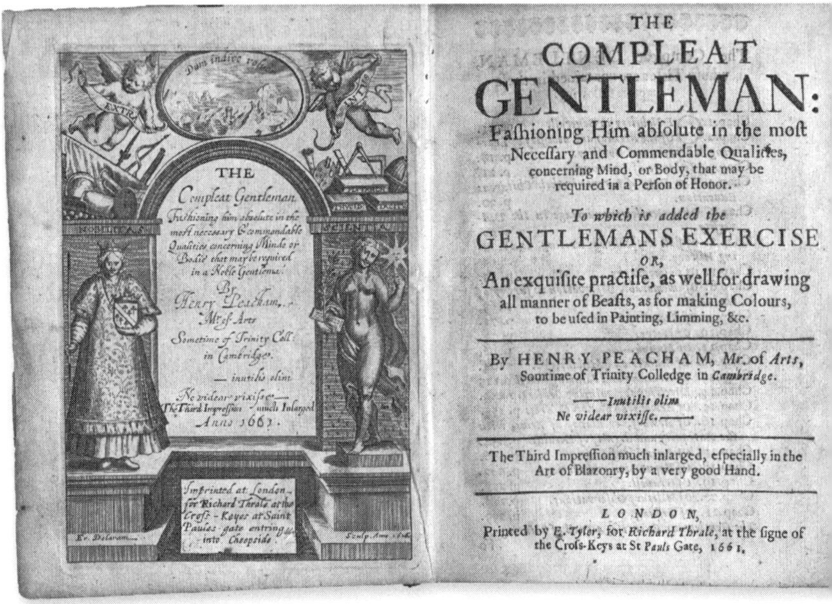

THE
Compleat Gentleman
Faſhioning him abſolute in the moſt neceſsary & commendable Qualities concerning Minde or Bodie that may be required in a Noble Gentleman.
By Henry Peacham Mr of Arts
Sometime of Trinity Coll: in Cambridge.
— inutilis olim
Ne videar vixiſse —
The Third Impreſsion much Inlarged
Anno 1661.
Imprinted at London for Richard Thrale at the Croſs-Keyes at Saint Paules gate entring into Cheapside

THE
COMPLEAT
GENTLEMAN:
Faſhioning Him abſolute in the moſt
Neceſſary and Commendable Qualities,
concerning Mind, or Body, that may be
required in a Perſon of Honor.
To which is added the
GENTLEMANS EXERCISE
OR,
An exquiſite practiſe, as well for drawing
all manner of Beaſts, as for making Colours,
to be uſed in Painting, Limming, &c.

By HENRY PEACHAM, Mr. of *Arts*,
Soutime of Trinity Colledge in *Cambridge*.
—Inutilis olim
Ne videar vixiſſe.—

The Third Impreſſion much inlarged, eſpecially in the
Art of Blazonry, by a very good Hand.

LONDON,
Printed by *E. Tyler*, for *Richard Thrale*, at the ſigne of
the Croſs-Keys at St *Pauls* Gate, 1661.

그림 1 1622년에 처음 발행된 헨리 피첨(Henry Peacham)의 규범서

출처: Auburn University Library

거치면서도 분할되지 않을 수 있었다. 영국 젠트리가 소유한 토지는 당대 소유주가 원하는 대로 상속을 지정할 수 없었고 여러 자식들에게 분할 상속할 수 없었으며, 별다른 결격 사유가 없는 한 장자에게 상속되었다. 프랑스의 경우 귀족의 재산은 자손들에게 분할 상속되었고, 귀족의 작위도 작위 계승자 이외의 후손들에게도 낮은 등급의 작위가 상속되었지만, 영국의 경우에는 토지와 작위의 분할 상속이 금지되어 장자에게 우선적으로 상속되었다. 당대 소유주에게 아들이 없는 경우에는 한정상속제(entailment)에 따라 딸들에게 상속될 수 없고 가까운 남자 친척에게 상속되었다. 영국의 독특한 토지 상속제로 인해 영국의 젠트리 계급은 세대를 거치면서 토지를 그대로 유지하거나 더 증식할 수 있었다. 영국의 신사 문화에 대한 대중적인 인식이 토지 및 시골과의 연관성을 강하게 내포하게 되는 배경이라고 할 수 있다.

신사 문화와의 연관성을 갖는 또 다른 범주로 궁정 문화와 귀족 문화를 들 수 있다. 르네상스 시대의 궁정 문화는 좋은 가문 출신의 남자라면 그에 적합한 언어와 행실(civility)을 지녀야 한다고 강조하였다. 다른 사람들을 거슬리게 하지 않고 호감을 유도하는 외모와 말솜씨는 경쟁과 견제가 심한 궁정 사회에서 생존에 필요한 자질이었다. 동시에 이러한 언행 규범은 궁정 신하와 귀족들의 남다름을 가시화함으로써 계급적 차별성을 드러내고 계급 토대를 공고히 하려는 귀족 계급의 중요한 문화로 자리잡았다. 노베

르트 엘리아스(Norbert Elias)는 궁정 문화의 예의범절이 서양의 문명화 과정의 시초라고 주장한 바 있다. 엘리아스에 따르면 예의범절을 강조하는 궁정 문화는 크게 보면 인간의 교육과 계몽의 가능성에 대한 믿음을 반영한다는 점에서 문명화 기획의 일부이다. 가르치고 길들여 날 것 그대로의 인성, 야만성을 통제하고 사회성을 계발하는 것이 문명화 사회로의 이행 단계를 촉진한다는 것이다. 타인과의 차별성에 대한 인식에 근거하여 일상 생활에서의 규범, 문화적 소양과 식견, 예의범절 등을 강조한 발다사르 캐스틸리오니(Bathasar Castiglioni)나 데시데리우스 에라스무스(Desiderius Erasmus), 지오반니 델리 까사(Giovanne Dela Casa) 등의 궁정 신하론 및 유럽의 르네상스 궁절 예절에 관한 책들(courtesey literature)이 16세기와 17세기 초 영어로 번역되어 영국의 궁정으로 소개되면서 영국의 초기 규범 문학 부흥에 일조한다. 예의범절(civility)를 강조하는 유럽의 궁정 문화는 영국 귀족 사회에 큰 영향을 미쳤으며, 리처드 브래스웨이트(Richard Brathwait)와 리처드 올레스트리(Rchard Allestree)와 같은 영국 작가들에 의해서 영국 상류 계층의 규범 문학이 번성하기에 이른다. 궁정 신하의 세련된 외모와 교양, 재치 있는 언변, 몸에 밴 예의범절 등을 귀족 계층은 스스로를 대변하는 이미지로 받아들였던 것이다.

르네상스 이래로 18세기에 이르기까지 궁정 문화와 귀족 사회를 중심으로 번성한 영국에서는 정중한 의례를 갖춘 세련된 신사가 이상적인 신사상으로 부각되었다. 이때의 의례와 격식은 신사 계층을 사회적 지위 면에서 더 낮은 계층과 외양과 행동방식에서 뚜렷하게 차별화하려는 시도가 축적된 것으로 계층간의 위계를 분명히 세우는 것이 주된 목적이다. 대화술부터 옷차림, 몸가짐, 식탁 예법에 이르기까지 신사에 어울리는 품행을 강조하는 품행서(conduct books), 예의교본서(courtesey literature)는 귀족 사회와 궁정 문화뿐 아니라 젠트리 사회에도 널리 퍼져서 소위 격식 있는 사회(polite society)로 불리는 당대 영국 사회의 독특한 문화를 형성하기에 이른다. 궁정 문화와 귀족 문화의 소산인 품행서는 적절한 예의범절과 생활 규범, 가문의 의례와 예식을 정리한 내훈 지침 등을 기록한 일종의 매뉴얼 같은 문서를 의미한다. 1774년 출간된 체스터필드 경(Lord Chesterfield: Philip Dormer Stanhope, 4th Earl of Chesterfield)이 아들에게 쓴 편지를 모은 서한집(*Letters to His Son*)은 신사로 통용될 수 있는 남성의 품행과 언행을 구체적으로 아주 자세히 기술한 품행서이다. 이 책은 발간된 첫 해에만 다섯 번이나 재발행되었으며, 1800년에 이르기까지 열한 번 이상 재발행될 정도로 영국 사회에서 널리 읽혔다. 체스터필드의 품행서는 대서양 건너 미국 사회에서도 널리 읽혀져서 1775년의 베스트셀러였으며 이만 부 이상 팔린 단 세 권의 책 중 하나였다.

신사의 품행에 대한 체스터필드의 구체적인 조언은 주로 신사로서의 처신을 우아하게 해야 한다는 것이다. 예를 들어, "거리에서 급히 걷는 것은 신사의 품행에 어울리지 않는" 저속한 것이며, 신사는 비틀거리며 걷지 않도록 해야 하며, 두 손을 축 늘어뜨리지도 말 것이며, 앞뒤로 뻗거나 흔들지도 말아야 한다고 조언한다. 또한 앉아 있을 때에 등을 꼿꼿하게 세우고 있거나 지나치게 편안한 자세로 있는 것도 저속한 것이어서, 세련된 신사라면 "자세를 편안하게 하고, 우아하게 몸을 기대어 편안하게 보이도록" 해야 한다고 말한다. 체스터필드는 또한 혀를 내밀거나, 우스꽝스러운 표정을 짓는 것을 금하고, "얼굴 표정이나 움직임에 있어서 진지하게 보이도록 하여 재치와 쾌활함을 잃지 않으면서도 위엄을 지니도록" 해야 한다고 조언한다.

이러한 사례들이 보여주듯이, 신사의 품행서는 주로 신사의 품격에 어울리는 몸가짐과 처신을 가르치는 것으로, 신사가 지녀야 할 내면적 가치나 도덕성보다는 신사가 자신을 겉으로 드러내는 방식을 강조한다. 특히 이러한 품행서들은 신사계층에 어울리는 세련됨과 우아함이 말투와 표정, 걸음걸이와 앉음새 등 신체를 드러내고 움직이는 방식을 통해 타인에게 인지되어야 함을 강조한다. 이때 흥미로운 점은 이러한 신사의 품행은 자연스럽게 체득되는 것이 아니라 목소리와 얼굴 근육뿐 아니라 신체의 모든 부분을 제어하고 통제함으로써 이루어진다는 것이다. 즉 신사의 품행은 스스로의 신체를 훈육하여 통제해야 하면서도 그 결과가 편안하고 자연스러워 보여야 한다는 점을 강조한다. 이러한 격식을 갖춘 신사의 품행은 자신이 신사계층임을 드러내는 외면적 표식이므로, 격식을 차리는 사회에서 신사는 자연스럽게 자신을 드러내는 방식, 즉 외양과 용모에 큰 비중을 두게 된다.

신사는 유산 유한 계급, 즉 토지 재산을 기반으로 한 안정된 수입이 있어 일하지 않아도 되는 특정 신분과 계급을 칭하는 용어였지만, 영국 사회가 신분의 유동성을 허용하는 한 신사라는 개념 또한 그 지칭 대상의 범주를 열어 두었다. 영국의 신분 제도는 귀족 계층을 상위에 두고, 점차로 법률가, 군인 등의 전문 직업을 가진 중간 계층이 부를 쌓고 신사 계층으로 유입되는 것을 허용하였다. 예를 들어 러시아의 상인 계층은 토지를 사는 것이 법으로 금지되었지만, 영국의 상인 계층은 재산을 모아 토지를 사고 신사 계층에 어울리는 방식의 생활을 하면서 자연스레 젠트리 계층으로 흡수되었다. 전쟁을 통해 부와 명예를 쌓은 군인들과 도시에서 전문적인 직업을 갖고 안정된 재원을 확보한 이들도 점차로 신사 계층으로 인정을 받게 되기에 이른다.

이때 이들 중간 계층의 계급 상승 욕구에 크게 부응한 것이 품행서이다. 18세기 중반 이후 상류층뿐만 아니라 중간 계층에게 널리 읽힌 품행서 문학은 귀족을 비롯한 상류층의 행동양식과 규범을 자세하게 소개함으로써 중간 계층이 자기 계발을 통하여 상류층의 문화를 모방하도록 하였다. 특히 체스터필드의 서한집은 대화술, 옷차림, 걸음걸이, 식탁예절, 몸가짐, 웃음소리에 이르기까지 신사가 해야 할 언행과 금해야 할 언행을 세세하게 기록하였다. 소위 매너가 신사를 만든다고 단언한 체스터필드의 서한집은 발간 직후 영국 사회에 엄청난 독자층을 확보하였으며, 그 뒤를 이어 홍수처럼 쏟아져나온 품행서의 기원이 되었다.

혈통이나 가문, 토지 상속이 아니라 유동적 자본으로 이루어진 부와 재능을 토대로 새롭게 신사 계층에 유입된 이들은 '정중한 상인 계층'(polite and commercial)이라 불리웠다. 이들에 이르게 되면 '신사'는 타고나는 혈통과 계보로 이루어지는 것이 아니라, 재능과 부를 토대로 자기 계발을 통해 실현할 수 있는 자질을 의미한다. 18세기 무렵 뚜렷하게 형성된 이들 계층은 점차 숫자로나 영향력에서나 영국 사회에서 세력을 넓혀 갔다. 이들이 희구하는 신사다움은 자연스레 타고나는 것이 아니라 애써 몸에 배게 하는 것이라는 측면에서 스스로 통제하고 숙달해야 하는 자질이라는 인식이 강했다. 또한 이들에게 허용된 신사 신분은 재산을 토대로 한 것이므로, 파산할 경우 계층적으로도 하락할 위험을 안고 있는 것이어서 기존의 귀족 계층과 젠트리 계층의 세련된 매너 외에도 근면, 금주, 절약, 신중함 등이 신사가 갖춰야 할 덕목으로 강조되었다.

이런 맥락에서 체스터필드의 서한집은 과연 매너와 도덕성을 분리할 수 있는가 하는 논제를 두고 파장을 일으켰다. 궁정 문화에서 귀족 특권층의 차별성을 가시화했던 예의범절(civility)은 귀족 혹은 궁정 신하의 외연적 자질로서 정중한 의례를 강조했으나, 신사의 도덕성에 대한 논의가 활발해지면서 체스터필드가 주창하는 매너는 단순한 에티켓에 불과하다는 비판이 일었다. 자기 계발을 강조하는 신흥 신사 계층에게 궁정 문화의 차별성을 강조하는 방법에서 유래한 매너는 예법을 갖추지 않았거나 예법에 맞지 않는 이를 배제하는 수단일 뿐이라고 여겨진 것이다. 19세기에 이르러 영혼과 도덕적 고결함을 강조하는 복음주의 또한 신사 계층의 자질로 도덕성을 거론하는 데 큰 영향을 미친다. "신사란 절대로 타인에게 고통을 야기하지 않는 사람"이라고 규정하는 뉴먼 추기경(John Henry Newman)의 신사론은 신사의 요건으로 매너가 강조된 원래의 유래와는 부합하지 않는다고 할 수 있다.

신사 문화, 특히 매너를 보급하는 데 엄청난 기여를 한 체스터필드의 서한집에서 알 수 있듯이, 신사의 자질은 가정 내에서 키워지거나, 부유한 집안의 경우 유럽의 문화를 접하는 그랜드 투어(grand tour)와 같은 사적인 경험을 통해 배양될 수 있다고 여겨졌다. 그러나 19세기 초에 일어난 영국의 사립학교 개혁 운동은 신사 양성을 학교 교육의 몫으로 이전하는 계기가 된다. 특히 영국 사립학교 개혁의 대부로 알려지며 1828년부터 1842년까지 럭비 사립 학교(Rugby School)의 교장을 맡았던 토마스 아놀드(Thomas

Arnold)는 학교 교육을 통해 '완벽한 영국 신사'를 길러내는 것을 학교 교육의 목표로 하였으며 남성적이고도 계몽된 기독교인을 신사의 이상으로 삼았다. 아놀드는 교과 과정으로 고전 교양 교육을 강화하고 럭비와 같은 스포츠 활동을 강조했다. 스포츠와 단체 생활을 통해서 신체를 단련하고 용감한 남성성을 배양하는 럭비 사립학교교육은 19세기 영국 사회에 큰 반향을 일으켰다. 소년 교양 교육의 핵심으로 여겨졌던 그랜드 투어가 영국의 어린 소년들과 젊은 청년들을 프랑스화하며 프랑스식의 예법으로 인해 영국 청년들의 남성성이 손상된다고 염려했던 영국인들에게 럭비식의 학교교육은 바람직한 영국 남성성을 배양하는 좋은 대안이었다. 특히 부유한 중간 계층은 아들을 사립학교에 보냄으로써 사회에서 공인되는 신사성을 획득할 수 있다고 여겼다.

19세기 영국의 사립학교 제도는 근대적 영국 신사의 전형을 수립하는 데 가장 큰 기여를 했다고 볼 수 있다. 아놀드는 기독교인으로서의 도덕성을 럭비에서 길러지는 영국 신사의 가장 중요한 요소로 내세웠다. 또한 럭비 사립 학교를 중심으로 강화된 신사상은 신사 계층이 도덕적 지식과 교양 교육을 강조하는 교육 제도를 통해 형성된다는 인식을 파급했다. 스티븐 해슬러(Stephen Haseler)가 지적하듯이 영국 신사 계층은 특히 빅토리아 시대에 영국 사회와 영국의 식민지를 통치할 계급으로 배양되었으며, 영국 지배계급의 도덕적 우월성을 강조하여 영국 제국주의라는 힘의 논리를 정당화하는 기제이기도 하다(50). 신사는 이제 한 개인의 자질과 신분을 칭하기 보다는 교육 제도를 통해 양성되어 영국 사회의 실질적인 지배 계층, 즉 정치가, 공직자, 식민지 관료가 되는 사회적 세력을 지칭한다. 이들은 영국 사회의 중추로 여겨졌으며 영국성의 아이콘이라는 인식이 널리 확산되었다.

13세기 후반 영어에 사용되기 시작한 이래 '신사'는 20세기에 이르기까지 영국 문화의 일부분을 차지해 왔다. 중세 시대에 '명망 있는 혈통과 가문' 출신을 의미하던 신사는 영국 사회의 변화를 거쳐 오면서 그 외연을 점차로 확장해 왔다. 신사는 혈통과 가문, 신분을 지칭할 뿐 아니라 대인 관계의 기술, 언행과 가치관을 암시하기도 한다. 신분이라는 측면에서 보더라도 신사는 상이한 계층을 포함한다. 신사는 귀족 문화와 젠트리 문화의 소산일 뿐만 아니라 중상주의와 계몽주의의 소산인 중간 계층의 문화를 아우른다. 토지를 기반으로 부를 축적한 유한 계급을 칭할 뿐 아니라 군인, 법률관, 사업가 등 직업적 전문성을 토대로 안정된 경제력을 지닌 근대적 중산층을 칭하기도 한다. 신사는 궁정 문화의 영향 아래 세련되고 도시적인 예법과 격식을 갖춘 인물이기도 하지만, 영지를 중심으로 한 시골 공동체의 중심으로 여겨지기도 한다. 노동 계층과 차별화되는 매너와 예의범절이 신사의 필수 요건으로 여겨졌는가 하면, 도덕적 이상과 종교적 신실함이 신사가 갖추어야 할 덕목으로 강조되기도 한다. 신사의 언행은 매끄러운 처세술을 동반한다고 주지되기도 했지만, 이러한 경향은 신사의 도덕적 자질 함양에 해롭다는 비판이 일기도 했다. 프랑스를 비롯한 유럽의 문물에 개방적인 태도와 경험이 신사의 필수 경험이라고 간주되기도 했지만, 토착적이고 전통적인 영국성이 신사의 자질이라고 강조되기도 했다. 신사는 타고나는 신분이기도 했지만, 영국의 교육제도를 통해 배양되는 영국성을 대변하는 전형이기도 하다.

이제 영국 사회에서 신사는 신분이나 직업군에 따라 어느 한 개인의 정체성을 지칭하는 개념이 아니다. 신사는 하나의 이상, 영국성을 담보하는 이상을 지칭하는 문화적 기표이다. 신사의 외연이 확장되던 18세기와 19세기에는 신사가 누구이며 무엇인가를 규정하고 이상적인 신사상을 설명하려는 시도가 수없이 이어졌다. 이러한 문화적 담론과 논의를 거치면서 신사라는 기표는 오히려 더 추상화되고 모호해진다. 19세기 영국의 소설가 안토니 트롤럽(Anthony Trollope)는 『공작의 자손』(*The Duke's Children* 1879)에서 작중 인물의 입을 빌려 신사라는 말은 "너무 모호해져서 어떤 의미도 지니지 않는다."라고 단언하기도 한다. 그러나 '신사'라는 용어가 특정 신분이나 특정 자질로 한정되지 않을수록 '신사'라는 기표를 둘러싼 의미 창출은 더욱 활발해진다. 단적인 예로 신사는 도덕적으로, 지적으로, 미학적으로 완성된 인간상을 지칭하는 것으로 이상화된다. 1862년 신사를 보석에 비유했던 제임스 피츠제임스 스티븐의 뒤를 이어 J. R. 베논(Vernon)은 1869년 신사의 요체를 귀중한 보석에 비유하면서, 신분, 가문, 재산, 교육, 매너, 교양, 도덕성 등은 원석을 더 빛나게 하는 부수적인 것이라고 설명하기도 한다. 역사적으로 신사를 규정하는 요건으로 여겨져 오던 것들이 신사를 더 신사답게 보이게 하는 부수적인 장치라면, 과연 '신사는 누구를 지칭하며 무엇이 신사를 만드는가?'라는 질문은 뫼비우스의 띠처럼 풀 수 없는 난제로 남는다.

02

영국 문학의 아이콘: 영국 신사와 영국성

02

제인 오스틴의 『오만과 편견』과 『설득』 사관과 신사

멋진 영국 신사를 형상화하는 대표적인 영국 소설을 펼쳐 보고자 한다면 많은 독자는 자연스럽게 제인 오스틴을 떠올릴 것이다. 1775년에 태어나 1817년에 세상을 떠난 오스틴은 그녀의 길지 않은 생애 동안 영문학사에 길이 남을 여섯 권의 소설을 집필했다. 1795년 무렵에 『분별과 감성』의 초고가 된 '엘리너와 메리앤'(Elinor and Marianne)과 그 이듬해 훗날 『오만과 편견』으로 개작된 '첫인상'(First Impression)을 집필한 것을 비롯하여 1811년 『분별과 감성』, 1813년 『오만과 편견』(*Pride and Prejudice*), 1814년 『맨스필드 파크』(*Mansfield Park*), 1815년 『엠마』(*Emma*), 그리고 1816년 마지막 소설 『설득』(*Persuasion*)에 이르기까지 오스틴은 신사 문화의 풍속도와 지형도에 큰 변화가 일어나던 18세기 후반과 19세기 초반에 글을 썼다.

오스틴의 소설은 남녀의 만남과 구애, 오해와 이별, 깨달음과 화해로 이어지는 로맨스 서사를 구축하는 것으로 널리 알려져 있다. 연애와 결혼을 축으로 하는 가정소설의 세련된 전형을 보이는 오스틴 소설은 우회적으로 영국 당대의 역사적 현실 및 변화와 밀접하게 맞닿아 있다. 근대 국가 체제로 이행하면서 영국 사회가 겪은 점진적인 개혁은 오스틴의 로맨스 서사에 고스란히 드러나 있으며, 오스틴 소설의 역동성은 『오만과 편견』과 같은 가정소설이 제시하는 엘리자베스 베넷과 다아시의 로맨스가 역사적 맥락을 획득하는 데 있다. 1813년에 발표된 『오만과 편견』은 오만한 남자 다아시와 편견에 사로잡힌 여자 엘리자베스가 만나 갈등을 겪다가 서로의 잘못을 깨닫고 사랑을 이룬다는 이야기이다. 이런 점에서 이 소설은 연애로 시작해서 결혼에 이르는 결혼 플롯의 구조를 전형적으로 보여준다. 자칫 밋밋하고 협소할 수도 있는 결혼 서사를 통해 오스틴은 당대의 연애와 결혼, 이를 둘러싼 현실과 기대를 세밀하게 드러낸다. 오스틴의 인물들이 생생하고 흥미진진한 것은 연애와 결혼을 둘러싼 오스틴의 세밀한 서사가 당대의 문화적 풍속도를 충실하게 드러내기 때문이다.

엘리자베스와 다아시의 연애와 갈등은 귀족 계층의 남자와 중간 계층의 여자의 만남이라는 설정에 내포된 성과 계급의 대면 구조에 기인한다. 젠트리 계층 내의 분화와 차이는 두 젊은 남녀의 연애를 현실감 있게 보여준다. 딸만 다섯을 둔 시골 목사 베넷의 둘째 딸인 엘리자베스는 영국 전역에서도 내노라할 만한 가문 출신의 다아시를 만나 열정적인 구애를 받는다. 자칫 진부한 신데

렐라 로맨스가 될 수도 있는 엘리자베스의 로맨스는 젠트리 문화 내의 갈등이라는 역사적 현실과 유기적으로 얽혀서 생생한 이야기가 된다. 당당하고 독립적인 엘리자베스는 근대적 여성 주체의 입장에서 상류층 신사의 전형인 다아시를 바라본다. 이때 엘리자베스의 시선은 생동감이 있고 다채롭다. 그녀는 부유하고 오만한 신사 다아시를 거침없이 비판하고, 비꼬는가 하면, 성급하게 오해하고 당당하게 구애를 거절한 후에 그와 사랑에 빠진다. 연애와 오해를 거쳐 화해와 결혼에 이르는 우여곡절은 엘리자베스가 다아시의 오만함의 벽을 통쾌하게 깨부수는 과정을 포함하는 한편, 다아시의 진중한 신사다움을 진지하게 깨달아가는 과정이기도 하다. 사랑에 빠지는 엘리자베스의 내면 세계가 촘촘하게 그려지는데, 이런 엘리자베스의 감정과 사고는 신사 문화라는 사회적 환경 속에서 이해될 때 더욱 역동적으로 느껴진다.

오스틴의 마지막 소설 『설득』 역시 귀족 계층과 중간 계층에 속하는 연인 간의 연애와 결혼 이야기이다. 『설득』에서 당대 신사의 지형도는 훨씬 다각도로 그려진다. 소설은 젊고 패기 있는 군인 패트릭 웬트워스와 짧은 사랑에 빠졌다가 파혼한 여주인공이 팔 년이 지난 후 다시 그와 사랑에 빠지는 과정을 세밀하게 그려낸다. 쇠락한 귀족의 둘째 딸 앤 엘리엇은 오스틴의 여주인공들 가운데 감정적으로 가장 원숙하고 섬세하다. 혼기를 놓쳐 가면서도 앤은 다른 청혼을 거절하고 첫사랑을 잊지 못한 채 늙어간다.

열정과 패기밖에 없는 구혼자의 신분이 엘리엇 가문에 어울리지 않는다고 하여 파혼한 기억을 아프게 가슴에 담고 있기 때문이다. 중후하고 멋진 군인으로 다시 나타난 앤의 첫사랑은 젠트리 계층으로 부상하는 중간 계층의 역동적인 당대 역사를 반영한다. 준남작이라는 작위에 대한 얄팍한 자부심 외에는 내세울 것 없는 월터경은 신사 계층으로 새롭게 유입되는 군인 출신 신사와 대조를 이룬다. 앤의 애틋한 연애 이야기를 통해 독자는 허영심에 가득 찬 귀족, 건장하고 스스럼 없는 장교, 사냥을 소일거리로 삼는 무료한 향사, 매끄러운 언변으로 무장한 신흥 부자 등 당시 신사 계층을 구성하고 있는 다양한 인물상을 엿보게 된다.

오스틴의 로맨스 서사는 정교하고 세밀한 풍속소설 안에 자리잡고 있다. 오스틴의 로맨스 서사가 그리는 일상 풍속의 세계는 중상류 신사 계층을 포괄적으로 칭하는 젠트리 문화이다. 엘리자베스 베넷과 앤 엘리엇은 예리하고 통찰력 있는 여성의 시선으로 남성 젠트리 문화의 지형도와 풍속도를 가늠하고 예견하는가 하면, 남성 젠트리 문화에 균열을 내기도 하고 협상을 벌이기도 한다. 젠트리 문화의 풍속도를 한마디로 표현한다면 매너가 될 것이다. 이때의 매너란 단순히 남성이 여성을 정중히 대하는 태도라거나 우아한 식사예법만을 의미하는 것이 아니다. 오스틴의 젠트리 세계에서 매너는 의식주 전반을 실행하는 구체적이고도 세세한 방식과 지침이기도 하며, 대화하는 방법을 포함하여 다른 사람을 대하는 태도와 인간 관계를 맺는 방식에 관한 법도를 폭넓게 의미한다. 세밀하고 촘촘하고 엄정한 매너, 풍속의 세계 속에 살고 있는 오스틴의 여성 인물들은 젠트리 계층의 신사들과 차를 마시고, 무도회에 가고, 함께 사륜 마차를 타고, 산책을 가면서 19세기 영국 신사의 풍속도에 깃든 역사적 추이를 생생하게 보여준다.

첫인상

오스틴 소설의 도입부는 언제나 경쾌하면서도 함축적이다. 오스틴의 소설 중 가장 널리 읽히는 『오만과 편견』은 다음과 같이 시작된다.

> 꽤 재산을 가진 미혼남이라면 틀림없이 아내를 원하리라는 것은 널리 인정받는 진리이다.
>
> 그가 이웃으로 이사 온다면 그의 취향과 견해에 대해 알려진 게 하나도 없음에도 이웃들이 워낙 이 진리에 사로잡혀 있어서 그는 이들의 딸 하나가 마땅히 차지할 재산으로 여겨진다. (3)

『오만과 편견』의 도입부는 경쾌하면서도 정곡을 찌르는 풍자적 문체로 결혼에 관해 "널리 인정받는 진리"가 무엇인지를 분명하게 드러낸다. 맹목적으로 이러한 "진리"를 따르는 결혼관으로 인해 연애와 결혼에 있어서 "취향과 견해"와 같은 개인적 품성보다는 "재산"의 소유 문제를 중시하는 사회적 관습이 널리 퍼져 있음을 꼬집고 있는 것이다. 물론 이 도입부는 엘리자베스의 연애관이나 결혼관과는 상관이 없다. 그러나 혼기가 찬 딸을 여럿 둔 엘리자베스의 어머니는 입장이 다르다. 베넷 집안은 롱본 장원에 달린 토지를 소유하고 있으며, 가정부와 집사, 하인을 거느리고 살 만큼 유복하다. 하지만 영국의 토지법인 장자상속제와 한정상속제에 묶여 있는 롱본 장원은 베넷 씨가 죽고 나면 가장 가까운 남자 친척에게 상속될 테고, 결혼하지 않은 다섯 딸은 집에서 쫓겨나 얼마 되지 않는 유산에서 나오는 용돈에 의존해서 살아야 한다. 경박하고 교양 없는 베넷 부인은 세속적인 "진리"에 따라 네더필드에 이웃으로 이사온다는 "신사"가 연간 사오천 파운드의 수입이 있는 "젊은 재력가"라는 데에 흥분하여 다섯 딸 중 누구라도 그 신사와 사랑에 빠지기를 기대한다.

주지하다시피, 『오만과 편견』의 주요 서사는 19세기 시골 마을의 목사의 딸로 영민하고 독립적인 엘리자베스 베넷과 부유하고 오만한 귀족 다아시 사이에 벌어지는 로맨스이다. 결혼을 하지 않는다면 연간 사십 파운드 남짓한 고정 수입 외에는 기대할 수 없는 엘리자베스와의 부유한 명망가의 상속자로 귀족과 다름없는 신분의 다아시의 로맨스는 플롯의 설정상 신데렐라 로맨스에 가깝다. 그러나 소설을 시작하는 첫 두 문장은 엘리자베스와 다아시를 비롯한 소설 속 젊은이들의 사랑을 당대의 젠트리 문화의 체계 속에 확고하게 자리잡게 한다. 장남에게로, 그리고 가장 가까운 남자 친척에게로 세습, 상속되는 작위와 토지 재산은 영국의 중상류층인 젠트리 문화의 근간이며, 19세기 영국의 한가하고 여유로운 시골의 문화는 토지 재산을 토대로 형성된 여가 계층의 풍속에 다름 아니다. 오스틴의 소설은 젊은 남녀 간의 사적인 사랑과 연애가 젠트리 문화의 가부장적 가족 관계 및 사회적인 풍속 체계와 밀접하게 연관되어 있음을 서두부터 분명하게 암시하는 것이다.

『오만과 편견』은 여러 유형의 젠트리 계층을 소개한다. 네더필드로 이사온 젊은 신사 빙리는 "잘생기고 신사다웠다"고 묘사된다. 이때 신사다움은 "보기 좋은 용모와 편안하고 꾸밈 없는 매너"를 지닌 것이라는 설명이 덧붙여진다. 빙리의 아버지가 장사로 재산을 모은 후 장원을 사고 싶어 했고 빙리 또한 아버지의 재산을 넉넉히 물려받은 후 시골에 장원을 사서 정착하고 싶어한다는 설정은 상업이나 전문직에 진출하여 상당한 부를 획득한 중간 계층이 전통적인 젠트리 계층의 상징인 장원을 소유함으로써 명실상부한 젠트리의 일원이 되고자 했던 당대의 풍속을 보여준다. 역시 장사로 재산을 모았고 세습되지 않는 명예 작위인 기사를 받은 다음 시골로 은퇴하여 한가롭게 지내는 루카스 경도 이러한 중간 계층의 일부이며, 대학 교육을 받은 성직자로 성직자 중에서도 지위가 높은 교구목사라고 우쭐대는 콜린스 역시 새로운 개념의 신사 계층을 이룬다. 토지 재산을 소유하고 있지만 현금 재산이 넉넉하지 않은 베넷 집안은 전통적인 젠트리 계층에 속하지만, 부유하고 명망 있는 가문의 상속자이자 귀족적인 생활에 익숙한 다아시의 시선으로 보자면 지체가 낮은 보잘 것 없는 집안이며, 분별력 있는 점잖은 신사이지만 상인 계층에 속하는 가디너 씨는 백작의 딸인 캐서린 드 버그 여사로부터 신사 대접을 받지 못한다. 이렇게 다양한 층위를 포괄하고 있는 젠트리 계층 구도는 젠트리 사회의 계급적 유동성을 보여주면서도 그 내부에 엄연히 위계 구도가 있음을 드러낸다. 법적 지위와 권리가 남편에게 종속되어 있었던 당대의 여성, 결혼이 아니고서는 아버지–남편–아들로 이어지는 젠트리 문화에서 배제될 수밖에 없는 여성의 처지에서 결혼에 대해 "널리 인정받는 진리"를 간과하기란 쉬운 일이 아니다.

그러나 소설이 진행되면서 독자는 결혼에 대한 사회적 관습을 맹목적으로 수용하기를 거부하는 엘리지베스를 만나게 된다. 다아시는 첫 만남에서 "훤칠하고 큰 키와 잘생긴 용모에 귀티가 흐르는" 모습으로 베넷 일가의 관심을 끌고, 곧이어 "그의 연 수입이 만 파운드"라는 말이 퍼지자 "멋진 신사"로 추앙을 받는다. 하지만 "그의 매너가 사람들을 기분 나쁘게 하여", "더비셔에 있다는 그의 엄청난 장원도" 그가 까다롭고 오만하고 불쾌한 사람이라는 인상을 바꾸지 못한다. 다아시에 대한 첫 인상은 신사를 구성하는 여러 가지 요건의 조합이라고 할 수 있다. 기품 있는 용모, 재산, 토지 등의 요건을 갖추었지만, 다아시는 함께 있는 사람들을 유쾌하게 하는 매너를 갖추지 못했다고 여겨진다. 중간 계층의 계급 유동성이 높아지면서 귀족 문화의 소산인 매너의 중요성이 신사의 풍속도에 더욱 강조되었음을 엿볼 수 있는 부분이다. 또한 귀족 계급의 문화를 차별화하기 위해, 즉 계층 간 신분의 차이를 드러내는 장치였던 매너가 중간 계층이 젠트리 계층에 유입되면서 젠트리 계층 내에서의 대인 관계를 실행하는 법도로 여겨지게 된 것을 알 수 있다.

다아시는 훤칠하고 잘생긴데다 엄청난 재산과 영지를 소유했지만, 엘리자베스는 그의 매너에 실망한다. 그는 무례하고 오만하여 함께 있는 사람을 불쾌하게 만든다. 위컴은 다아시와는 대조적으로 친절한 행동과 매끄러운 언변으로 주변 사람들을 유쾌하게 만들며 쉽게 환심을 얻는다. 그가 다아시 가문의 집사의 아들로서 자신이 겪은 불행한 과거사를 들려주며 다아시에 대한 험담을 늘어놓자, 엘리자베스의 실망은 곧 위컴에 대한 동정심과 다아시에 대한 분노로 바뀐다. 비록 이러한 실망과 분노는 다아시를 무뚝뚝하고 사교적이지 않다고 오해하는 데에서 비롯된 것이지만, 『오만과 편견』의 여주인공 엘리자베스의 매력은 상대가 "가족, 재산, 뭐 하나 부러울 것 없는 훌륭한 신사"인 다아시라 할지라도 그의 무례함과 오만함에 거침없이 실망과 분노를 드러내는 당찬 성격에 있다. 엘리자베스는 관습에 얽매이지 않는 당당하고 자유분방한 여성이며, 조신하고 얌전하다는 평판을 추구하는 대신에 타고난 발랄함과 생기를 억누르지 않는 현대적 여성인 것이다.

청혼

"저항했지만 소용없었어요. 할 수 없습니다. 내 감정을 억누를 수 없어요. 당신을 열렬히 연모하고 사랑합니다." 어느날 갑자기–물론 독자들에게는 갑작스럽지 않을 수 있다–다아시는 엘리자베스에게 열정을 담아 구애한다. 엘리자베스는 예기치 못했던 다아시의 청혼에 놀라고, 그의 진심을 의심하고, 그의 무례한 청혼 방식에 모욕감을 느끼면서 그를 매몰차게 거절한다. 유서 깊은 가문의 상속자로 엄청난 재산이 있는 상류층 남자의 청혼을 받았지만, 그다지 유복하지 않은 목사의 딸인 엘리자베스는 "꽤 재산을 가진 미혼남"에 대한 "널리 인정받는 진리"를 거부한다. 가부장제와 계급질서에 손발이 묶인 엘리지베스이지만, 그녀는 당당하고 독립적인 근대적 여성이다. "총명하게 빛나는 두 눈"에 "자연스럽고 명랑한 품위"를 갖춘 엘리자베스는 진부하고 세속적인 결혼관에 사로잡혀 있는 여성이 아니다.

엘리자베스는 다아시의 청혼을 거절하면서 두 가지 이유를 제시한다. 그가 친구인 빙리에게 영향력을 행사해서 언니 제인과 빙리의 사랑에 개입했던 점과 위컴을 무자비하게, 그리고 부당하게 대했던 점이다. 특히 엘리자베스는 변호사와 사업가를 친척으로 둔 지체 없는 집안 출신이라는 이유로 제인이 빙리에게 적절한 혼처가 아니라고 보았을 다아시의 오만에 크게 분노한다. 언니를 "실패한 사랑의 조롱거리"로, 빙리를 "변덕과 욕심을 부린 사람"으로 만든 다아시에 대해 엘리자베스는 경멸과 분노만을 느낄 뿐이다. 게다가 다아시가 사랑을 고백하면서 연모의 감정보다 자존심에 대해 더 열변을 토하자 엘리자베스는 더 분노하게 된다. 다아시가 그녀의 가족이 "열등"하고 그보다 "한참이나 떨어지는" 가문이라서 그의 자존심이 쉽게 마음을 허락하지 않았으며, 그런 이성적인 판단이 감정과 맞서 왔다고 고백했던 것이다. 마치 지체 높은 자신이 초라한 그녀에게 자존심을 꺾고 애정을 허락했으니 그녀가 청혼을 수락하여 그 애정에 보답하는 것이 당연한 일이라는 듯 청혼하는 다아시에게 화가 치민 엘리자베스는 "당신의 매너에서 오만과 자만, 다른 사람의 감정을 짓밟는 이기적인 태도를 파악"했으므로 "당신과는 절대로 결혼하고 싶지 않다."고 매몰차게 선언한다.

"다아시 씨, 당신이 좀 더 신사답게 행동했더라면 당신을 거절하면서 미안했을 텐데요." 라고 쏘아붙인 엘리자베스의 말은 다아시에 대한 최종적인 평가를 담고 있다. 귀티 나는 외모, 재산, 가문, 토지 등 신사의 자격을 다 갖추고도 "신사답지" 않은 행동, 즉 "매너"를 갖추지 못하면 신사답지 않다는 엘리자베스의 비난은 다아시에게 큰 충격을 주고 그로 하여금 스스로를 돌아보게 한다. 다아시는 장문의 편지로 엘리자베스에게 빙리와 위컴에 대한 자신의 입장을 세세히 설명한다. 다아시를 혐오하고 거부했던 엘리자베스의 마음은 다아시가 건넨 장문의 진심어린 편지를 읽고 또 읽으며 반추하는 동안 심한 혼란을 겪는다. 거의 외울 정도로 다아시의 편지를 읽고 또 되뇌이면서, 그녀는 위컴이 주장한 이야기와 다아시가 주장한 이야기를 각각 재구성해 보며 진위를 가늠하려 애쓴다. 자신이 알고 있는 위컴과 다아시가 편지 속에서 소개한 위컴을 비교해 보던 엘리자베스는 위컴이 "매력적인 분위기와 말솜씨"를 갖추었으나 "사교의 힘으로 획득한 호감 그 이상의 중요한 미덕"을 전혀 보이지 않았던 점을 상기한다. 오히려 말로는 다아시를 욕보일 수 없다고 해 놓고 "다아시의 인품을 바닥에 떨어트리는 데 망설이거나 주저하지 않았던" 위컴을 떠올릴 때, 엘리자베스는 세련된 화술과 사교성은 신사다운 매너의 외양적 지표에 불과할 뿐임을 깨닫고 자기 자신도 그 협의의 매너에 사로잡혀 편견에 차 있었음을 자각한다.

엘리자베스는 다아시를 비롯한 주변 사람들에 대한 자신의 판단과 해석이 어리석었으며 편견에 차 있었음을 아프게 깨닫는다. 다아시를 "얼마나 부당하게 비난하고 질책했는지 생각하면" 자신에 대한 분노가 일고, "청혼했다가 낙담한 그에게 연민"이 일기도 하고, "그의 애정이 고마웠고 그의 성격이 존경스럽"게 느껴지기도 한다. 엘리자베스는 "그의 청혼을 생각하면 아직도 머리끝까지 화"가 나지만, 이제 그녀의 분노는 다아시를 향한 것이라기보다는 자신의 과거 행동에 대한 반성과 어머니와 아버지, 여동생들을 포함한 가족의 "불행한 결함", 다아시가 지적한 교양의 결핍에 대한 수치심에서 비롯된 것이라고 볼 수 있다. 엘리자베스는 어머니의 활력 넘치는 모습의 이면에는 "빈곤한 지성과 조야한 교양"이 있을 뿐임을 모르지 않았다. 또한 아버지는 냉소적인 유머와 책을 사랑하는 지성을 지녔지만 남편으로서, 아버지로서 부적절할 만큼 무관심해서 아내의 무지와 어리석음을 모른 척하고 딸들의 경솔함과 경박함을 다스리려 노력하지도 않고 있음을 실감한다. "잘못된 매너"는 그녀의 가족에게서 훨씬 더 심각한 것이다.

펨벌리

『오만과 편견』에서 가장 독자들의 마음을 사로잡는 장면을 꼽는다면, 소설의 여주인공 엘리자베스 베넷이 다아시와 사랑에 빠지는 부분일 것이다. 소설은 한참 진행되어 생기발랄하고 매력적인 엘리자베스와 무뚝뚝하고 근엄하기까지 한 다아시는 이미 만나고, 엇갈리게 이끌리고, 실망하고, 오해하고, 마음 아파하는 연애의 과정을 한 차례 치른 뒤이다. 소설의 3부는 시골 목사의 딸인 엘리자베스가 부유하고 오만한 귀족 다아시의 청혼을 매몰차게 거절한 뒤, 여행 중 예기치 않게 다아시의 영지인 펨벌리를 방문하면서 시작된다.

> 마차를 타고 가면서 엘리자베스는 펨벌리 숲이 나타나기를 약간 흥분하여 기다렸다. 마침내 초소를 지날 때 가슴이 떨렸다.
>
> 장원은 아주 넓고, 대지의 구성이 다양했다. 가장 낮은 지점 한 곳에서 시작하여 널리 펼쳐져 있는 아름다운 숲을 한동안 통과해 지나갔다.
>
> 엘리자베스는 대화를 나누기 힘들 정도로 가슴이 벅차올랐고, 눈길을 끄는 풍경과 좋은 전망을 하나도 놓치지 않고 바라보며 감탄했다. 반 마일 정도 계속해서 오르막을 오른 다음 꽤 높은 봉우리에 도착하고 보니 숲이 끝나고 바로 눈앞에 펨벌리 저택이 나타났는데, 저택은 계곡의 반대쪽에 자리잡고 있었고 그쪽을 향해 길이 가파르게 나 있었다. 솟아오른 대지 위에 크고 멋진 석조 건물이 서 있고, 그 뒤로 울창한 숲이 펼쳐져 있었다. 앞으로는 원래 흐르던 개울을 넓혀 놓았는데, 인공적인 티가 나지 않았다. 강둑을 괜히 만들지도 않았고 엉뚱하게 꾸며 놓지도 않았다. 엘리자베스는 기뻤다.

> 자연이 이렇게 살아있는 곳, 어줍짢은 안목이 자연의 아름다움을 훼손하지 않고 이만큼 간직한 곳을 본 적이 없었다. 엘리자베스 일행은 모두 감동했다. 바로 이 순간 그녀는 펨벌리의 안주인이 되어도 좋겠다 싶었다! (158-59)

오스틴의 현대 독자들은 펨벌리 장원의 아름다움에 매료되면서 "펨벌리의 안주인이 되어도 좋겠다!"고 되뇌이는 엘리자베스의 모습을 어떻게 받아들일까? 엘리자베스는 이미 그의 청혼을 거절했다. 엘리자베스가 그의 청혼을 떠올렸을 때 아직도 화가 치밀어 오르는 것은 그가 "신사답지" 않게 행동했던 점에 기인한다. 그녀를 "열렬히 연모하고 사랑한다."는 감정의 고백에 이어 지체가 낮은 집안 여자와의 사랑을 인정해야 하는데 따른 자존심의 상처를 앞세웠던 그의 태도는 여전히 엘리자베스를 화나게 한다. 그녀가 자신의 청혼을 받아들일 거라는 것을 조금도 의심하지 않았던 그의 오만함을 떠올리면, 엘리자베스는 "한순간도 그의 청혼을 거절한 것을 후회하지 않았고, 그를 다시 만나고 싶다는 생각"이 들지도 않았다. "편지를 쓴 사람에 대한 감정은 때때로 크게 흔들렸"지만, "그래도 그를 인정할 수는 없었다."고 엘리자베스는 생각한다. 그런 엘리자베스가 뜻밖에도 가족과의 여행 중에 다아시 가문의 영지를 구경하다가, 다아시가 태어나고 자란 곳인 "펨벌리의 안주

그림 2 펨벌리의 모델이 된 채츠워스 하우스(Chatsworth House)
출처:chatsworth: Chatsworth House – Wikipedia,
the free encyclopediaen.wikipedia.org

인이 되어도 좋겠다 싶었다!"고 하는 것이다. 부유한 귀족 계층 남성의 무례함과 오만함에 실망하고 분노했던 엘리자베스와 펨벌리 저택의 위엄과 풍요로움에 매료되는 엘리자베스는 자기 모순적인 인물이며, 스스로의 가치를 외면한 속물일까?

오스틴은 특유의 경쾌하면서도 따듯한 문체로 여성 인물의 관점을 주로 따라가면서 여성이 느끼고 반추하는 불투명한 연애 감정을 추적한다. 엘리자베스의 상충되는 감정은 그녀 자신도 의식하지 못하고 있는 연애 감정의 혼란일까? 그녀는 자의식적으로 다아시를 거부하고 있지만, 속으로는 은밀하게 그를 연모하고 있었던 것일까? 부와 전통이 깃들어 있는 대저택과 영지를 눈앞에 두자 설상 다아시가 신사답지 않은 인물이라 해도 그 집의 "안주인"이 되고 싶은 것은 젠트리 문화의 세습 구도에서 배제된 여성으로서 결혼을 통해 점잖은 신사 문화 안에 자리매김하고자 하는 욕망을 드러내는 것일까?

펨벌리 장원에 들어선 후 가정부의 안내를 받아 저택까지 둘러 보게 된 엘리자베스는 다아시의 초상화를 바라보면서 진정 사랑에 빠지게 된다.

> 회랑에는 가족의 초상화가 많았지만 방문객의 눈길을 끌 만한 건 없었다. 엘리자베스는 어떻게 생겼는지 알고 있는 단 하나의

얼굴을 찾아서 걸었다. 마침내 그 얼굴이 그녀를 사로잡았고, 그녀는 다아시를 놀랍도록 닮은 얼굴, 그가 자신을 바라볼 때 때때로 지었다고 기억되는 그런 미소를 머금고 있는 얼굴을 마주 보았다. 뚫어져라 응시하며 그림 앞에 한동안 서 있었고, 모두 회랑을 나올 때 한 번 더 그 그림 앞으로 갔다. 레이놀즈 부인은 어르신이 살아 있을 때 그려진 것이라고 알려 주었다.

확실히 이 순간 엘리자베스의 마음속에는 그 사람을 알고 지내면서 그나마 좋았을 때 느꼈던 것보다 더 부드러운 감정이 일어났다. 레이놀즈 부인이 다아시에게 한 칭찬은 결코 하찮은 종류가 아니다. 총명한 하인의 칭찬보다 더 가치 있는 게 또 있을까? 오빠로서, 지주로서, 주인으로서 얼마나 많은 사람의 행복이 그의 후원에 달려 있는지! 얼마나 많은 즐거움이나 괴로움을 나눠 줄 능력을 가졌는지! 얼마나 많은 선행이나 비행을 실천할 수 있는지! 가정부가 묘사한 모든 면에서 그의 성격은 훌륭했고, 그녀는 두 눈으로 자기를 바라보는 그가 그려진 화폭 앞에 서서 그의 애정에 대해 어느 때보다 깊은 고마움을 느꼈다. 그 열정을 기억했고, 그 부적절한 표현에도 마음이 누그러졌다. (162)

『오만과 편견』에서 가장 에로틱한 장면으로 꼽히기도 하는 이 장면은 다아시의 구혼을 거절할 때만큼이나 솔직하게 자신의 감정을 느끼고 드러내는 엘리자베스의 모습을 보여준다. 다아시의 초상화 앞에서 엘리자베스는 자신을 바라보던 그의 눈길을 떠올리고 자신에게 연모의 감정을 폭발할 듯 드러내던 그의 열정을 기억하며 자신의 마음에 동요가 일어남을 예리하게 느낀다. 그녀의 마음은 자신도 모르게 부드러워지고, 무례했던 그의 언사에도 마음이 누그러지면서, 그의 애정에 대해 깊은 고마움을 갖는다.

다아시의 청혼을 단호하게 거절했던 엘리자베스가 그에 대한 자신의 감정을 솔직하고 진지하게 생각해 보게 되는 직접적인 계기는 역설적이게도 다아시가 가문과 재산을 모두 갖춘 '훌륭한 신사'임을 직접 눈으로 확인하는 장면이다. 오스틴은 다아시와 사랑에 빠지는 엘리자베스의 모습을 실제 다아시를 마주하고 있는 장면을 통해 그리지 않고 펨벌리에 매료되는 장면으로 대체한다. 펨벌리의 숲과 정원, 강과 다리, 저택과 영지는 다아시의 완벽한 신사성을 담보하는 상징적 기호들이다. 펨벌리는 그저 대지주의 부를 과시하는 화려한 저택이 아니라, 가장 영국적인 건축미를 우아하게 드러내는 표본이라 할 만하다. 펨벌리의 건축학적인 아름다움은 "자연의 아름다움이 어줍짢은 취향에 의해 훼손되지 않은" 데에 있다. 엘리자베스는 숲과 강과 영지가 어우러진 지형과 그 대지 속에 자리잡은 펨벌리가 마치 그 자연의 일부인 듯 편안하고 아름답게 보인다고 말한다. 심지어 엘리자베스는 소설의 말미에서 제인에게 다아시에 대한 자신의 사랑이 "워낙 서서히 진행된 일이라 언제 시작됐는지 모르겠"지만 "펨벌리에서 그의 아름다운 대지를 처음 봤을 때부터 시작됐을 거야."라고 말한다.

"겉만 번지르르하고 쓸데없이 세련"된 것이 아니라, "고상하고 아름다운" 펨벌리의 면모는 엘리자베스에게 다아시가 그저 부유하고 오만한 남자가 아니라 "진정한 우아함"과 "안목"을 갖춘 젠트리임을 일깨워 준다. 게다가 펨벌리의 가정부인 레이놀즈 부인은 다아시의 부친이 "훌륭한 분"으로 "가난한 사람들에게 베풀고" 살았으며, 다아시도 "세상에 둘도 없는 최고의 지주이자 주인"이라고 칭찬한다. "자신만 생각하는 요즘의 거친 젊은이들과는 다르죠. 그분에게 좋은 말을 하지 않을 소작인이나 하인은 한 사람도 없을 겁니다. 오만하다고 하는 사람들이 있기는 하지만 저는 그런 모습을 못 봤어요. 제 생각에는, 그분이 또래 젊은이들처럼 말이 많지 않아서 그런 모양입니다." 레이놀즈 부인이 열성적으로 소개하는 펨벌리의 주인 다아시의 모습은 엘리자베스에게 깊은 인상을 남긴다. 부에 어울리는 고상한 취향과 안목을 갖춘 남자, 소작인들에게 베푸는 지주, 하인들에게 관대한 주인, 여동생에게 따듯하고 배려심 많은 오빠라는 설명이 그녀가 기억하는 낯익은 얼굴에 더해졌을 때, 다아시의 초상화를 마주하고 선 엘리자베스는 사랑에 빠지는 것이다.

엘리자베스는 다아시가 비록 재산과 가문을 갖추었지만, 오만하고 무례하여 "신사답지 못하다"라고 비난한 바 있지만, 펨벌리에서 레이놀즈 부인을 통하여 그가 그의 부친처럼 "훌륭한" 주인이며, 소작농과 하인의 열띤 칭찬과 감사를 받을 만큼 관대한 지주라는 이야기를 듣게 되자 다아시의 신사다움을 새로 깨닫게 된다. 곧이어 오스틴의 소설은 자연스럽게 다아시가 정중하고 완벽한 매너를 갖춘 신사임을 강조하는 장면으로 이어진다. 가정부의 안내로 저택 내부를 둘러보고 정원사를 따라 저택의 정원과 숲을 둘러보던 엘리자베스 일행은 예기치 않게 장원의 주인인 다아시와 마주치게 되는데, 당황한 가운데에도 그녀의 "가족의 안부를 정중하게 묻는" 그의 "격의 없는 매너"는 엘리자베스를 놀라게 한다. "흠잡을 데 없이 처신하고 정중하고 소탈한 사람"이라는 평으로 마무리되는 다아시는 당대의 신사의 요건인 가문과 재산, 매너를 모두 갖춘 매력적인 인물로 규정되는 것이다.

켈린치 홀의 엘리엇

오스틴이 『오만과 편견』에서 다아시를 통해 당대에 통상적으로 신사라고 규정되는 남자의 이상적인 전형을 제시한다면, 『설득』에서는 다양한 유형의 남성을 제시함으로써 "과연 누가 신사인가?"에 대한 시대적 논의를 전개한다. 오스틴의 유작으로 발표된 『설득』(1818)의 첫 장면은 가문의 계보와 작위를 중시하는 월터 경을 소개한다.

서머싯 주에 자리 잡은 켈린치 홀의 주인 월터 엘리엇 경은 다른 책은 절대 읽지 않아도 준남작 계보를 펼치기만 하면 흐뭇해 하는 사람이었다. 한가한 시간에는 소일거리 삼아 그 책을 읽었고, 심란한 시간에는 위안을 얻기 위해 읽었다. 옛 조상들로부터 지금 얼마 남아 있지 않은 후손들에 이르기까지의 계보를 찬찬히 살펴보고 있노라면 절로 찬탄과 존경심이 일었다. 혹시 다른 페이지에서 조금도 위안을 얻지 못했다면, 자신의 내력이 기록된 페이지는 변함없이 늘 흥미진진했다. 그 귀중한 책은 언제나 이 페이지에 펼쳐져 있었다.

켈린치 홀의 엘리엇. (35)

이 짧은 도입부는 혈통, 즉 신사(gentleman)의 어원에 가장 충실한 신사의 속성에 자부심을 지닌 인물을 제시한다. 켈린치 홀의 주인인 월터 엘리엇은 준남작이기도 하다. 가문의 계보를 적은 족보를 늘 들여다보면서 자긍심을 느끼는 월터 경은 신사 계층을 구분하는 데 있어서 '혈통'을 중시하는 관습이 여전히 남아 있음을 보여주는 인물이다. 특히 애장서인 가문의 족보를 읽으며 계보를 확인하는 그의 모습은 르네상스 시대 영국의 문장원(the Herald's College)의 활동을 상기케 한다는 점에서 그가 시대착오적인 인물임을 암시한다.

"켈린치 홀의 엘리엇"임이 자랑스러워, 늘 자신의 내력이 기록된 페이지를 펼쳐 놓고 있는 월터 엘리엇 경은 좋은 가문 출신에 영지를 물려받아 재산을 지닌 남자만이 '신사'로 불릴 수 있다고 주장한다. 그는 옥스퍼드나 케임브리지 대학에서 신학을 공부하여 목사서임을 받은 보조목사는 신사 축에 끼지도 못한다고 잘라말한다. "웬트워스라고? 오, 그래-먼포드의 보조목사인 웬트워스씨 말이로군. 자네가 '신사'라고 말하는 바람에 착각했네. 부유한 저명인사를 이야기하는 줄 알았어. 내 기억에 웬트워스 씨는 별볼일 없는 사람이었어. 연고도 전혀 없고 말이지. 스태포드 집안과 아무 관련이 없더군. 우리 귀족들 가운데 수많은 가문의 이름들이 어쩌다 그렇게 평민이 되고 마는지 궁금할 따름이지." 이렇게 고집스럽게 명망 있는 가문에 유서 깊은 장원 영지라는 재산을 '신사'의 요건으로 꼽는 월터 경이지만, 실상 그의 준남작 작위는 후작, 공작, 백작, 자작으로 이어지는 상급귀족 체계에 속하지 못하는 작위로 남작에 이어 귀족 계보의 끄트머리에 있다고 할 수 있다.

냉소적으로 희화화되는 월터 경의 면모는 그다지 대단하지도 않은 가문에 대한 터무니없이 큰 자긍심뿐만이 아니다. 그는 "머리끝부터 발끝까지" 신분과 용모에 대한 허영심으로 가득 찬 사람이다. "젊은 시절에 그는 놀라우리만치 잘생긴 사람이었고, 이제 쉰 네 살의 나이에도 여전히 무척이나 멋진 풍채를 유지하고 있었다. 멋진 외모를 타고난 축복보다 더 훌륭한 것은 오로지 준남작이라는 지위의 축복밖에 없다."고 생각하는 그는 "이런 두 가지 축복을 모두 받은" 자신이야말로 "끝없이 열렬한 존경과 헌신을 받을 만한 대상"이라고 스스로 평한다. 월터 경은 자신의 세 딸 중에서도 자신을 꼭 닮아 무척이나 예쁜 맏딸 엘리자베스를 편애한다. 엘리자베스는 무도회나 사교계에서 자신을 과시하기를 좋아하고 신분을 중요시하여 "준남작 혈통을 이어받은 사람"이 청혼한다면 무척 기뻐했을 것이다. 월터 경과 엘리자베스는 더불어 무척 행복하게 지낸다. 그러나 고상하고 부드러운 성격을 지닌 둘째딸 앤은 "한창때의 아름다움이 일찍 시들어" 버려 월터 경의 애독서에 이름을 올릴, 즉 준남작에 버금가는 가문의 자제와 혼인하리라는 기대를 품을 수조차 없는 딸이다. 그래서 월터 경에게 앤은 "그저 앤일 뿐"이다. 혈통에 근거한 가문과 잘 가꾼 외모, 사치스럽고 화려한 생활방식을 추종하는 월터 경은 18세기 후반까지 영국의 신사 문화를 주도하던 유형을 대변한다.

켈린치 장원은 상당한 수익을 내는 토지 재산이지만, 월터 경의 사치스러운 생활에는 충분하지 않았다. 현명하게 캘린치 홀의 살림을 운영하던 부인이 세상을 떠난 후, "켈린치 홀의 주인에게 걸맞은 품위를 유지하는 데 마땅히 지출해야 할 것들을" 아낌없이 지출하며 살다가 빚 독촉을 받는 지경에 이른다. "품위를 잃지 않고 안락함을 포기하지 않으면서 지출을 줄일 수 있는 방법을 알지 못하는" 월터 경은 이제 켈린치 홀에서 준남작에 어울리는 생활을 영위하는 것이 거의 불가능한 상황에 처해 있다. 지출을 줄이려는 앤의 계획안을 월터 경은 신사의 품위를 훼손하는 불명예스러운 일이라고 분개한다. "아니! 생활의 모든 안락함을 떨쳐 버리라고? 여행, 런던, 하인들, 말, 요리, 그 무엇이든 다 줄이고 제한한다는 말이지! 심지어 신사의 품위를 누리며 여유 있게 살 수도 없다고! 아니, 그렇게 불명예스럽게 여기서 사느니 차라리 당장 켈린치 홀을 떠나는 편이 낫겠소!" 월터 경에게 헤픈 씀씀이를 억제하는 것은 신사의 품위에 어울리지 않는 것이며, 신사의 명예를 위협하는 것이다. 결국 체면을 구기지 않으면서 경제적 궁곤함을 벗어나려는 묘책으로 그는 켈린치 홀을 크로프트 제독에게 임대하는 데 동의한다. 그마저도 "더할 나위 없이 완벽한 지원자가 월터 경이 제시하는 조건에 맞게 자발적으로 간청하는 경우에 한해서만, 대단한 특혜를 베풀 듯이 그 저택을 임대"해 주고, 그는 두 딸과 함께 바스로 떠난다는 소설의 설정은 월터 경과 같은 구시대적인 신사 계층을 바라보는 오스틴의 시선을 대변한다.

『설득』에서 월터 경은 궁정 사회와 귀족 문화에 뿌리를 둔 신사의 전형, 즉 가계와 혈통에 자긍심을 가진 귀족이자 지방의 토지를 소유한 지주로서 체면과 외양을 중시하는 인물이다. 월터 경이 켈린치 홀의 임차인이 될 만한 "해군 출신의 신사"에 대해 거부감을 갖는 것은 영국의 해군 장교가 비록 부유하다 할지라도 그가 이상적으로 생각하는 신사에 합당하지 않기 때문이다. 월터 경은 두 가지 이유를 들어 자신의 입장을 설명한다.

> 첫 번째는 그 직업이 태생이 미천한 사람들을 지나치게 영예롭게 만들어 주고, 그들의 부친이나 증조부가 꿈도 꾸지 못했을 명예로운 직책으로 올려 주는 수단이 된다는 점이네. 두 번째는 그 직업이 무척 끔찍하게도 사람의 젊음과 활력을 빼앗아 간다는 것이네. 선원은 다른 사람들보다 빨리 늙지. 내 평생 그런 경우를 많이 봐 왔네. 작년 봄에 런던에 갔을 때 두 사람과 어울리게 되었는데, 바로 그 사실을 아주 잘 보여주는 실례였지. 다들 알다시피 세인트 아이브스 경의 부친은 시골의 부목사로서 먹을 빵도 없는 사람이었지. 나는 세인트 아이브스 경과 볼드윈 제독이라는 사람에게 자리를 양보해야 했어. 그런데 그 제독은 상상할 수 없으리만치 참담하게 생긴 사람이었지. 마호가니처럼 불그스레한 얼굴이 몹시 거칠고 울퉁불퉁했어. 온통 주름살투성이에 정수리에는 파우더만 잔뜩 묻어 있고 머리칼은 하나도 없었다네. (49)

월터 경에게 지체가 낮은 가문의 사람이 군인이 되어 부와 사회적 지위를 획득한다는 것은 정통적인 신사계층으로서 생각만 해도 불쾌한 일이며, 거친 바닷바람을 맞느라 우아한 외모를 잃고 "남들에게 보여줄 만한 버젓한 모습"을 갖지 못하게 된다면 "죽지 않고 살아가는 게 유감일 뿐"이다. 실제로 월터 경의 외모에 대한 집착은 항상 자신의 모습을 비춰 볼 수 있는 큰 거울 여러 개를 주변에 비치해 놓을 정도여서, 임차인으로 켈린치 홀에 거주하게 된 크로프트 제독은 거울에 둘러싸이는 것이 불편해 이사를 하자마자 면도용 작은 거울만을 남겨 놓은 채 거울을 모두 치워 놓았노라고 농담삼아 말한다. "아주 훌륭한 분이고 정말로 훌륭한 신사지만, 나는 그분이 연세에 비해 다소 몸치장을 좋아하는 분이라고 생각해요. 거울이 그렇게나 많다니! 오 맙소사! 도대체 어디를 둘러봐도 내 모습에서 도저히 벗어날 수 없었지. 그래서 소피에게 도와달라고 해서 곧 그 거울들을 치워 버렸소." 크로프트 제독의 말에 앤은 그저 얼굴을 붉힐 뿐이다.

우선 월터 경이 애지중지하는 준남작이라는 혈통과 작위는 그가 생각하는 만큼 다른 사람들의 선망의 대상이 아니다. 자신의 애독서에 월터 경은 자신의 내력 아래에 "추정상속인, 월터 경 2세의 증손 윌리엄 월터 엘리엇 향사"라고 덧붙여 놓았다. 아들이 없는 월터 경의 속내는 가계보에 따라 윌리엄 월터 엘리엇이라는 법률을 공부한 젊은이를 추정 상속인으로 지정하고 맏딸 엘리자베스를 그와 결혼시키려는 것이었다. 그러나 그는 곧 엘리엇이 자신이 물려받을 혈통과 명예를 극히 하찮은 것으로 치부했다는 데에 격분한다. 엘리엇 가문과 켈린치 홀의 상속자로서 자신의 계획에 부응하는 대신 엘리엇은 부유하지만 신분이 낮은 여자와 결혼함으로써 실리적이고 경제적인 독립을 손에 넣은 것이다. 심지어 그는 "가문의 명예"를 "먼지처럼 하찮게 여겨" "만일 문장과 이름, 제복을 다 합쳐서 50파운드만 받을 수 있다면 누구에게든 준남작 지위를 팔겠다."고 말한 것으로 전해진다. 엘리엇은 귀족이라는 신분이 주는 명예보다 경제적 실리를 추구한 것이다. 이는 19세기 초 영국 사회에서 신사라는 매력적이지만 모호한 신분을 구성하는 데 있어서 재산이 차지하는 비중이 커지고 있음을 시사한다. 준남작이라는 작위와 더불어 월터 경에게 신사 신분의 중요한 토대인 켈린치 홀이 해군 제독인 크로프트 제독에게 세놓아진다는 소설의 설정은 영국 신사의 지형도에 중요한 변화가 일어나고 있음을 시사한다. 혈통과 가계의 적통을 따라 승계되던 켈린치 장원의 실질적 거주권이 오랜 해군 생활과 전쟁 중의 공적을 통해 부유해진 크로프트 제독에게로 이양된다는 것은 안으로는 산업화, 상업화되는 사회적 변화와 밖으로는 나폴레옹 전쟁과 대영제국의 확장을 겪으면서 귀족 신분 또는 토지를 매개로 한 신사 사회의 구성에 커다란 동요가 일고 있음을 암시한다. 월터 경의 바램과는 무관하게 월터 경으로 대변되는 영국 신사는 더 이상 신사의 이상에 부합하지 않는다. 이러한 변혁의 시기에 유서 깊은 신사 가문의 삶의 방식이자 토대인 켈린치 장원은 새로운 신사 계층을 맞이하게 되는 것이다.

웬트워스의 귀환

『설득』에서 크로프트 제독을 포함하여 웬트워스 대령과 하빌 대령 등 해군장교들은 유럽 사회 안팎에서 일어나는 혁명과 변혁, 즉 미국 혁명과 프랑스 혁명, 나폴레옹 전쟁 등 유럽 사회의 근간에 큰 영향을 미친 변혁의 기류를 직접 대면하면서 생성된 계층이다. 강인한 남성성과 무용을 강조하는 이들 계층은 영국의 전통적인 농업 경제와 신분제도를 기반으로 한 젠트리 신사 계층과는 전혀 다른 남성성과 남성 문화를 대변한다. 소설의 도입부에서 소박하고 소탈한 성품의 크로프트 제독이 체면과 격식을 중시하는 월터 경을 대신해 켈린치 홀의 거주인이 되는 한편, 크로프트 부인의 남동생인 웬트워스 대령의 귀환은 앤 엘리엇과 프레데릭 웬트워스의 로맨스가 다시 시작되는 계기가 된다. 이들 해군 장교들은 오스틴의 소설에서 새로운 신사상으로 떠오르며 기존 질서를 유지하려는 사람들과의 갈등과 이를 수용하는 과정에 수반되는 사회적 혼란을 그리는 매개가 된다.

팔 년 전 웬트워스가 처음 앤을 만나 사랑에 빠졌을 때, 그는 재산도 명예도 없지만 자신감과 열정으로 충만한 젊은이였다. 그러나 켈린치 홀로 대변되는 격식 있는 사회는 사회적 신분과 지표로 검증되지 않은 그가 신사 사회로 진입하는 것을 거부한다. 월터 경은 결혼을 허락하지 않겠다는 말조차 입에 올리기 싫어하며

"극히 냉담하고 완고하게 침묵을 지키면서 부정적으로" 반응한다. 그에게는 "그 혼사가 자신의 위신을 턱없이 떨어뜨리는 결합"으로 여겨졌기 때문이다. 앤에게 돌아가신 어머니 역할을 대신 했던 레이디 러셀조차도 이를 무모한 선택이라고 앤을 설득한다. "내세울 거라고는 자기 자신밖에 없고, 직업도 불안정한데다가 지극히 우연한 기회 외에는 재산을 모을 희망도 없고, 지금의 직업에서 더 출세할 수 있도록 도와줄 연고도 없는 젊은이"와의 약혼은 "그릇되고 무분별하고 부적절한 것"이라고 앤을 설득해 결국 앤이 약혼을 파기하게끔 한다. 월터 경과 레이디 러셀 모두 웬트워스가 전통적인 의미의 젠트리 출신이 아니라는 점을 들어 앤의 사랑을 막으려고 하는 것이다. 월터 경과 레이디 러셀에게 웬트워스는 명망 있는 가문도, 토지와 같은 안정적인 재산도, 후견인도 없는 무모하고 위험한 남자일 뿐이어서 켈린치 홀의 월터 경의 딸과는 어울리는 혼사가 아닌 것이다.

앤과의 파혼 직후에 웬트워스는 바다로 떠난다. 웬트워스는 재능과 열정으로 자신이 예견했던 대로 두각을 나타내고 파격적으로 진급을 거듭했으며, 여러 번의 해전에서 적들의 배를 포획하여 상당한 재산을 모은다. 팔 년이 지난 후 그는 명예와 부를 쌓아 당당하게 켈린치 홀 사회로 돌아온다. 젊은 시절의 낙관성과 열정은 가라앉았으나, 이만 파운드 이상의 재산과 더불어 품위와 기품을 갖추고 나타난 웬트워스 대령은 어퍼크로스 장원의 혼기에 찬 여성들의 선망을 한몸에 받기에 이른다. 그러나 웬트워스 대령의 이름이 거론될 때마다 앤은 심경이 착잡하다. 지금은 여동생 메리의 남편이 된 찰스 머스그로브의 구혼을 거절하면서까지 앤은 웬트워스에 대한 애틋한 마음을 간직하고 있었기에, 그를 다시 만나는 것은 견디기 어려운 시련이기도 하거니와 그 만남을 상상하는 것만으로도 앤의 마음은 두려움과 설렘으로 뒤섞인다. 앤의 파혼에 큰 상처를 입었던 웬트워스 대령은 이제 '결혼'을 목적으로 젠트리 사회에 다시 발을 디딘다. 그는 자신의 마음을 사로잡을 수 있는 쾌활하고 젊은 여자라면 누구와라도 결혼을 하겠다는 다소 냉소적인 태도를 지니고 켈린치 홀 사회로 돌아온 것이다.

웬트워스는 다시 만난 앤을 "냉정한 정중함, 격식을 차린 세련된 태도"로 대한다. 섬세하고 민감한 성품의 앤은 냉정한 태도로 일관하는 웬트워스를 바라보는 것이 힘겨울 뿐 아니라, 그녀의 "젊음과 한창때의 아름다움을 파괴해 버린 세월이 그에게는 더욱 강렬하고 남성적이며 솔직한 인상을 더해 주었음"을 통감한다. 겉으로 드러나는 냉정함과 무뚝뚝함 이면에 자신을 대하는 웬트워스의 "따듯하고 다정한 마음"이 자리잡고 있음을 앤은 점차 깨닫는다. 앤에게 매달려 막무가내로 떼를 쓰는 조카 아이를 그는 별다른 말 한마디 없이 떼어 내어 준다거나, 어색하고 불편한 산책길에 지친 앤을 마차에 타도록 배려한 다음 역시 "말 한마디 없이" 그녀가 마차에 오르도록 도와준다. 앤은 그의 의지와 손길에서 아직도 그녀를 용서하지 못하고 있지만, 그녀가 힘들어 하는 것을 알아채고 그녀를 쉬게 해 주려고 배려하는 마음이 있음을, "예전에 존재했던 감정의 흔적"이 남아 있음을 알게 된다.

『설득』에서 오스틴은 애틋하고 따듯한 시선으로 해군 신사들을 바라본다. 크로프트 제독이나 웬트워스 대령은 상당한 재산과 안정된 사회적 신분을 확립했다고 해서 오스틴의 젠트리 사회에서 환영받는 새로운 신사 계층을 이루는 것은 아니다. 크로프트 제독의 소박한 성품과 소탈한 태도는 허영심이 많고 체면을 중시하는 월터 경의 못난 면모와 대조를 이룬다. 18세기 후반까지 지배적이던 전형적인 신사와는 전혀 다른 모습으로 크로프트 제독은 주변의 호감과 존경을 받는다. 또한 크로프트 제독과 그 부인의 관계는 남편과 아내가 서로 존중하고 서로의 단점을 보강해 주는 건실한 모습을 보여준다. 켈린치 홀의 임대 계약을 논의할 때에도 크로프트 부인은 언제나 함께 참석했으며, 임대 조건과 세금에 대해서도 제독보다 더 소상하게 챙겨서 정리한다. 크로프트 제독이 앤을 태운 마차를 몰다가 기둥을 들이받을 뻔하거나 분뇨 마차와 충돌할 뻔할 때마다 크로프트 부인은 침착하게 손을 뻗어 직접 고삐를 잡아 방향을 조절한다. 크로프트 제독 부부의 모습은 앤에게 신선한 인상을 남기며, 부부간의 "관계를 전반적으로 이끌어 가는 것이 무엇인지를 보여주는 예로서 그리 나쁘지 않다고" 여긴다. 크로프트 제독의 통풍 치료를 위해 많이 걸으라는 의사의 지시에 크로프트 부인은 남편의 산책길에 언제나 동행한다. "각자 독립적이면서도 행복한 마음으로 함께" 길을 걸으며 이야기를 나누는 크로프트 부부의 모습은 앤에게 "행복을 보여주는 가장 매력적인" 그림으로 깊은 인상을 남긴다.

크로프트 제독은 비록 임차인으로 켈린치 장원의 주인이 되지만, 모범적인 젠트리 계층의 문화를 수월하게 받아들이고 이행하는 사례를 보여준다. 앤은 크로프트 제독 부부에 대해서 더 알게 될수록 그들이 훌륭한 젠트리로서 도덕적이고 사회적 책임을 수행하는 데 있어서도 부족함이 없다고 판단한다. "그녀는 크로프트 부부를 존중했고, 아버지가 임차인을 얻는 데 아주 운이 좋았다고 생각했으며, 이 교구가 훨씬 훌륭한 귀감을 얻었고, 가난한 사람들은 최고의 관심과 도움을 받게 될 거라고 느꼈다." 앤의 시선을 통해 오스틴은 젠트리 계층의 구성도의 변화를 묘사하고 이러한 변화를 긍정적으로 바라본다. 크로프트 부부의 손길 하에 놓인 켈린치 홀을 방문하면서 앤은 켈린치 홀의 진정한 주인은 크로프트 부부라고 생각한다. "켈린치 홀을 떠나야 했던 것은 무척 유감스럽고 부끄러운 일이었지만 자기 양심에 비추어 볼 때, 이곳에 머물 자격이 없는 사람들이 떠나갔고 켈린치 홀은 이전 주인보다 훨씬 나은 이들의 손에 넘어갔다고 느끼지 않을 수 없었다."

앤은 또한 웬트워스 대령을 통하여 해군 사회의 문화를 엿보고 해군으로 대변되는 새로운 신사다움과 남성성을 긍정적으로 받아들인다. “하빌 대령은 웬트워스 대령에 견줄 만큼 매너가 세련되지는 않았지만 완벽한 신사였고, 가식이 없었으며 따듯하고 배려심이 있는 사람이었다. 하빌 부인은 남편보다 약간 덜 세련되었지만 호의적이라는 점에 있어서는 똑같았다. 그들의 환영과 초대에는 웬트워스 대령에 대한 크나큰 애정이 담겨 있었다. 하나 주고 하나 받는 교환식의 일상적인 초대나 과시적으로 격식을 차린 정찬과는 너무나 달랐다.” 이런 진심어린 환대에는 “황홀한 기분을 일으키는 매력이 있다.”고 앤은 생각한다. 웬트워스 대령을 향해 열병과도 같은 사랑에 빠진 루이자 또한 “해군의 성격과 친절함, 우애, 솔직함, 강직함에 대한 찬사를 장황하게” 늘어 놓으며, “영국의 어떤 부류 사람들보다 선원들이 더 가치 있고 따듯한 사람들이라고 믿게 되었으며, 그들만이 어떻게 살아야 하는지를 알고 있고, 그들만이 존경과 사랑을 받을 가치가 있다고 주장”하기에 이른다.

크로프트 부부의 예시에서 드러나듯이, 오스틴은 연애와 사랑, 결혼이라는 로맨스 서사를 따라가면서도 여성과 남성의 관계에서 남성만이 욕망이나 행동의 주체가 되거나, 결혼이 여성의 미덕에 대한 보상이라는 진부한 설정을 파기한다. 『오만과 편견』에서 다아시는 펨벌리의 주인으로서 더할 나위 없이 훌륭한 면모를 갖추었지만, 그는 신사다움에 대한 엘리자베스의 거침 없는 비판을 통해 진정 매력적인 신사로 거듭난다. 다아시를 신사답지 못하다고 비난한 엘리자베스의 따끔한 한마디는 그 스스로 너무나 당연하게 여겼던 자신의 모습, 신사의 모든 요건을 갖춘 품격 있는 신사라는 자부심을 뿌리부터 뒤흔드는 결과를 가져온다. 펨벌리에서 엘리자베스 일행을 마주쳤을 때 진정을 담아 정중하게 대하는 다아시의 변모는 매사에 당당하고 대담한 엘리자베스가 있기에 가능해진다. 『설득』에서도 웬트워스의 닫힌 마음을 여는 것은 앤의 열정적이면서도 성숙한 마음이다. 벤윅 대령과 루이자의 결혼을 앞두고 하빌 대령과 앤은 일상적으로 주고받는 사교적인 대화를 벗어나 남자과 여자의 차이에 대해 진지하게 토론한다. 하빌 대령은 문학 작품 속에서 늘 여자의 변덕이 언급되고 있다고 주장하지만, 앤은 펜과 책은 남자들의 소유물이었으므로 남자들의 이야기일 뿐이라고 날카롭게 지적한다. 더 나아가 앤은 남자들의 애정이 더 강렬할 수는 있지만, 여자들의 애정은 부드럽고 더 오래간다고 주장한다. 앤은 스스로의 마음을 들여다보듯, "내가 나 자신의 성에 대해 주장할 수 있는 특권이 있다면 그건 바로 더 오래 사랑한다는 거예요. 사랑의 대상이 존재하지 않거나 희망이 사라졌을 때도 말이지요."라고 덧붙인다.

사랑에 대한 앤의 진솔한 성찰은 웬트워스로 하여금 펜을 들어 격정 속에 앤에게 전할 편지를 쓰게 한다. 하빌 대령과 앤의 대화를 웬트워스는 "침묵 속에 듣고" 있다가 팔 년 전보다 더 열렬해진 사랑을 그녀에게 전하는 것이다. 오스틴의 이전 소설들보다 차분하게 진행되는 『설득』의 후반부에 나오는 웬트워스의 편지는 간결하면서도 열정에 찬 언어로 시간의 담금질을 이겨낸 사랑을 고백한다. 강인하고 패기 있는 해군 장교로 그려진 웬트워스는 이렇듯 열정과 감성을 겸비한 인물로 그려진다. 물론 웬트워스의 열정적인 고백은 성급한 사랑과 이별이라는 고통스러운 경험 후에 스스로를 깊이 성찰하고 사랑과 삶에 대해 깨닫고, 이를 성숙한 대화 속에 표현할 수 있는 앤이 있었기에 가능해진다.

매너가 신사를 만들다

오스틴은 『설득』에서 시대의 흐름과 더불어 부유한 해군과 같은 신흥 부유층이 장원 문화를 받아들이면서 젠트리 신사 계층으로 유입되는 현상을 묘사하는 동시에, 당대에 이러한 신사 사회의 변화와 더불어 제기된 '매너'에 대한 논의를 심도 있게 펼친다. 앞서 소개한 체스터필드의 서한집과 같은 신사 품행서는 신사 계층을 구성하는 신분이 점차로 더욱 유동적이 된 당대의 사회 문화를 배경으로 폭발적으로 유행한다. 18세기 인쇄 문화의 발달로 비교적 손쉽게 품행서를 구할 수 있었으며, 신사의 품행에 대하여 세세하게 지침을 주는 품행서에 대한 수요는 엄청나게 증가했다. 귀족 가문의 내훈서로, 귀족 문화의 전유물로 유통되던 품행서는 이제 흔하게 찾아 볼 수 있는 평범한 책이 되었으며, 이에 따라 그 영향력은 더욱 전면적으로 확대되었다. 품행서의 생산과 유통이 광범위해짐에 따라, 품행서의 영향을 받는 사람들의 범위와 그 방식이 모두 재조정된다는 것이다.

혈통과 신분이 아니라 재능과 열의로 부를 축적하면서 신사 사회로 진입하고자 하는 신흥 부르주아 계층은 18세기 영국 사회 내에서 주목할 만한 세력이 되기에 이른다. 귀족이나 지주 계급만큼 부유해진 군인, 변호사, 상인 등 영국의 중간 계층은 장원이나 문장 등을 사들이기도 하였고, 영국 사회의 상류층의 문화를 모방하였다. 신사 사회로의 유입을 열망하면서 이들 중간 계층은 신사 사회의 문화와 규범을 모방, 습득하는 등 자기 계발에 대해 적극적이었다. "매너가 신사를 만든다"를 모토로 하는 체스터필드의 품행서는 신사에 적합한 언행과 처신을 상세하게 제시하면서 18세기 중반 이래 중간 계층의 신분 상승 욕구에 부응한다. 르네상스 시대의 품행서가 궁정 문화와 귀족 문화의 소산으로 계급 차이를 정당화하고 차별화하는 데에 기여했다면, 18세기 이래 신흥 부르주아가 대두하는 시점에는 중간 계층이 귀족 계급과 연합하여 상류층 문화를 창출하는 동인이 된 것이다. 계급 문화의 소산이며, 계급적 귀속감을 형성하는 기제인 품행서가 계급 구조의 틀이 변화하는 시기에 계급 간의 유동성에 대한 기대를 반영하는 역할을 담당했던 셈이다.

유서 깊고 명망 있는 혈통과 가문, 토지 재산 등은 신사 계층의 성립으로부터 오스틴 당대에 이르기까지 중요한 요소로 간주되었지만, 18세기에 이르러 진정한 신사의 요건은 혈통이나 가계가 아니라, 그의 품성과 행동이라는 인식이 대두하기에 이른다. 다니엘 디포(Daniel Defoe), 조셉 에디슨(Joseph Addison), 리차드 스틸 등은 개인의 재능에 근거한 신사성을 옹호하였다. 여전히 가문과 혈통과 같은 전통적인 요소를 주장하는 이들도 있었으나, 점차로 신사다운 품행과 매너는 좋은 혈통만큼이나 중요한 요소로 받아들여졌으며 18세기 말엽에는 신사다움을 기술하는 데 있어서 가장 강조되는 요소가 되었다. 몸가짐과 언행을 통제하고 훈육하여 세련된 매너를 갖춘 신사를 만들 수 있다고 주장하는 체스터필드의 품행서는 중간 계층의 지침서이자 교본서 역할을 하기에 이른다. 그러나 체스터필드의 품행서의 인기는 역설적으로 이 책에 대한 비판을 수반하게 되는데, 이는 이 품행서의 취지가 세속적이며 그가 강조하는 매너가 도덕성과 유리된 피상적인 예의범절(etiquett)에 불과하다는 것이다.

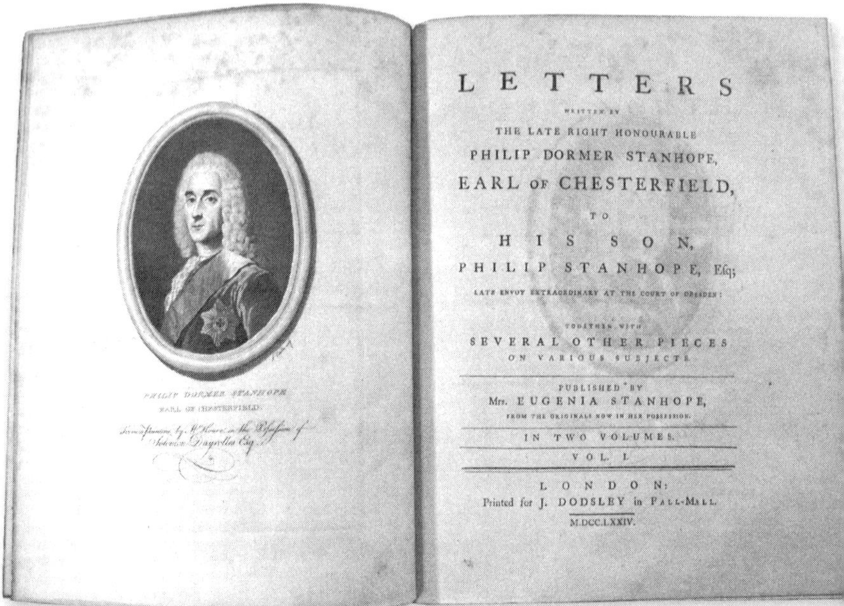
LETTERS
WRITTEN BY
THE LATE RIGHT HONOURABLE
PHILIP DORMER STANHOPE,
EARL OF CHESTERFIELD,
TO
HIS SON,
PHILIP STANHOPE, Esq;
LATE ENVOY EXTRAORDINARY AT THE COURT OF DRESDEN:
TOGETHER WITH
SEVERAL OTHER PIECES
ON VARIOUS SUBJECTS.
PUBLISHED BY
Mrs. EUGENIA STANHOPE,
FROM THE ORIGINALS NOW IN HER POSSESSION.
IN TWO VOLUMES.
VOL. I.
LONDON:
Printed for J. DODSLEY in PALL-MALL.
M.DCC.LXXIV.

그림 3 1774년 발행된 체스터필드의 서한집

출처: chesterfield: Rauner Library Blog: 1/13/13 – 1/20/13
raunerlibrary.blogspot.com

『설득』에서 오스틴은 앤과 엘리엇의 대화를 통해 이러한 논의를 전개한다. 잘 생긴 용모와 세련된 화법을 구사하는 엘리엇은 “좋은 친구란 영리하고 지식이 풍부하며 대화를 잘 나눌 수 있는 사람”이라는 앤의 주장에 대해 이렇게 대답한다. “그건 좋은 친구가 아닙니다. 최고의 친구지요. 좋은 친구란 그저 신분, 교육, 매너만 있으면 됩니다. 교육은 그리 중요하지 않아요. 하지만 신분과 매너를 꼭 갖춰야 하지요.” 켈린치 홀의 상속인이 될 엘리엇은 분명히 합리적이고 세상 물정에 밝으며, 말재주가 있고 쾌활하고도 세련된 사람이다. 쉽게 분개하거나 열렬히 기쁨을 토로하지도 않고 절대로 말실수를 하지 않을 사람인 엘리엇은 품행서에서 갓 빠져 나온 듯 완벽한 매너를 갖춘 신사처럼 행동한다. 나무랄 데 없는 매너로 엘리엇은 월터 경을 포함하여 엘리엇 일가의 호감을 되찾기까지 한다.

그러나 앤의 오랜 친구인 스미스 부인은 엘리엇의 유쾌하고 격식 있는 언행의 이면에 이기적이고 잔인한 본성이 숨어 있다고 폭로한다. “엘리엇 씨는 따듯한 마음이나 양심이 없는 사람이에요. 용의주도하게 계획을 꾸미는 냉혈한이지요. 자기 이익이나 편의를 위해서라면, 어떤 잔인한 일이나 어떤 변절이라도 서슴지 않을 사람이에요. 아, 그는 마음이 시커먼 사람이에요. 텅 비어 있고 음험하지요!” ‘신분과 매너’만이 좋은 친구가 갖춰야 할 덕목이라고 주장하는 엘리엇은 실제로는 결혼과 친구 관계를 포함한 모든 관계를 자신이 추구하는 이득과 관련지어 판단하는 속되고 경박한 사람일 뿐이다. 엘리엇은 자신이 가난했던 젊은 시절에 기꺼이 모든 것을 나누었던 친구인 스미스를 이용하고 친구가 곤경에 처했을 때 외면하거나, 결혼을 통해서 부자가 되겠다는 결심으로 부유한 미망인과 서둘러 결혼하고 상처한 지 얼마 되지 않아 앤에게 구애한다. "합리적이고, 신중하며 세련된" 사람이지만, "솔직하지 않은" 그는 월터 경의 주변을 맴도는 클레이 부인을 경계하여 켈린치 홀의 상속권을 안전하게 확보하려는 술책을 펴는 데도 능하다. 그러나 그는 클레이 부인을 월터 경에게서 떼어 놓으려는 자기 꾀에 넘어가 클레이 부인의 애정에 스스로 묶이고 만다.

『설득』의 독자들은 앤의 시선을 따라 엘리엇과 웬트워스로 대변되는 두 유형의 신사를 접하게 된다. 앤은 겉으로 드러나는 엘리엇의 면모, 즉 쾌활하고 사리 분별이 있으며, 언변이 유창하고 매끄러우며 예의 바른 면모에 호감을 보이면서도 그의 현재 언행이 과거와 다른 점에 의구심을 품는다. 스미스 부인의 폭로로 앤은 엘리엇의 진면목을 확인하는 한편, 단순하면서도 따듯하고 솔직한 감성을 드러내는 해군 신사에게 더욱 끌린다. 준수한 외모에 매너를 갖추고, 해군에서의 공적과 활약으로 이만 오천 파운드의 재산을 지닌 웬트워스 대령은 켈린치 홀에 다시 돌아왔을 때부터 매력적인 신사였지만, 세속적이고 비열한 엘리엇과의 대비를 통해 웬트워스 대령의 신다다움은 진정성과 감수성을 겸비하고 있다는 점에서 더욱 돋보인다.

『오만과 편견』에서와 마찬가지로 『설득』에서도 오스틴의 주요 인물들은 로맨스를 통해 지적으로, 감정적으로 성숙한다. 웬트워스는 켈린치 홀로 돌아와 앤을 다시 만나면서 자신이 분노와 자존심에 사로잡혀 자신과 주변을 돌아보지 못 했으며, 어리석게도 스스로를 궁지에 몰았던 것을 깨닫는다. 팔 년 전 앤이 파혼을 했던 이유가 성품이 나약해서가 아니라 자기 자신의 내면과 사회 공동체의 문화를 성찰하고 개인사적인 영역과 공동체 영역의 함수에서 삶을 적극적으로 실천하려는 시도였음을 이해하게 된다. 앤 역시 첫사랑과의 성급한 이별 후에 자신의 사랑과 삶에 대해 더 깊이 성찰하고 감정적으로 더 원숙해진다. 웬트워스를 향한 루이자의 열병같은 사랑의 처음과 끝을 묵묵히 지켜보면서, 또 엘리엇의 됨됨이를 찬찬히 살펴보면서 앤은 자신의 내적인 성찰과 사회 공동체에 대한 배려 사이의 균형을 유지한다. 앤과 웬트워스에게 로맨스는 삶을 실천하는 적극적인 장인 것이다.

이러한 실천의 영역에는 누가 진정한 신사인가라는 질문과 깨달음이 내포되어 있다. 『설득』은 신사로 통용되는 여러 가지 유형을 제시한다. 혈통과 가문에 뿌리를 둔 귀족 계층의 신사 월터경, 토지를 소유하여 직업을 갖지 않고도 여유 있는 생활을 누릴 수 있는 젠트리 계층의 신사 찰스 머스그로브, 부유한 여자와의 결혼으로 재산을 획득하고 완벽한 매너를 갖춘 중간 계층 신사 월터 엘리엇, 뛰어난 재능과 열정으로 해군에서 공적과 부를 쌓은 중간 계층 신사 크로프트 제독과 프레데릭 웬트워스 대령. 신분이 각기 다르고, 가치관과 성향이 제각각인 이들 신사들은 오스틴 당시 영국 사회에서 누가 신사이며, 신사의 요건이 무엇인가라는 문제를 둘러싼 구조적, 개념적 변화가 첨예했으며, 동시에 이러한 변화에도 불구하고 쉽사리 변하지 않고 남아있는 전통적인 가치관이 있었음을 시사한다. 앤과 웬트워스의 결혼을 앞두고 월터 경은 "이 혼사를 진정 기쁘게 받아들일 만큼 허영심이 충족된 것은 아니었지만, 딸에게 나쁜 혼인은 결코 아니라고" 생각한다. 그는 웬트워스 대령을 더 자주 만날수록 "대령의 용모에 매우 깊은 인상을 받았고, 그의 우월한 외모를 딸의 우월한 신분과 견주어 보았을 때 조금도 뒤지지 않는다고" 느낀다. 결국 월터 경은 대령의 이름이 듣기 좋다고 생각하며, 자신의 애장서, "명예로운 책"에 기꺼이 혼사를 적어 넣는다.

03

E. M. 포스터의 『하워즈 엔드』

잃어버린 우산과 신사

신사와 우산

"이 이야기는 신사 계급에 속하는, 아니면 신사 계급인 듯 행동해야 하는 사람들의 이야기이다"(63). E. M. 포스터(E. M. Forster)의 1910년작 『하워즈 엔드』의 한 구절이다. 영화로도 만들어진 소설 『전망 좋은 방』(*A Room with a View* 1908)과 『인도로 가는 길』(*A Passage to India* 1924) 등으로 우리에게도 친숙한 E. M. 포스터는 스스로 『하워즈 엔드』를 최고의 작품으로 꼽았다. 『하워즈 엔드』는 빅토리아 시대에서 현대로 넘어가는 에드워즈 조를 살아가는 영국 중류층의 일상을 그리는 풍속 소설이다. 『하워즈 엔드』에서 윌콕스 가와 슐레겔 가는 각각 산업화와 제국주의, 도시화와 현대화를 추진하는 영국과 철학적 사유와 세련된 취향을 추구하는 영국의 중류층을 대변한다. 소설의 구도를 이렇게 파악할 때, 소설의 제목인 "하워즈 엔드"와 소설의 제사인 "단지 화합하라"라는 구문은 중류층을 중심으로 한 서로 다른 두 부류의 영국이 화합하기를 기원하는 작가적 염원을 담고 있다고 할 수 있다.

『하워즈 엔드』에서 윌콕스 가와 슐레겔 가를 두 축으로 한 에드워즈 조의 영국 사회의 분열은 레너드 바스트라는 인물을 접점으로 더욱 문제시된다. 앞서 인용한 "신사 계급에 속하는, 아니면 신사 계급인 듯 행동해야 하는 사람들" 가운데 한 사람이 바로 레너드 바스트이다.

> 그 청년 레너드 바스트는 신사 계급의 가장자리 맨 끝에 있었다. 나락에 빠진 것은 아니지만 그곳에서 멀지 않았고, 때로 그가 아는 사람들이 거기 떨어져서는 다시 돌아오지 못했다. 그는 자신이 가난하다는 것을 알았고 또 쉽게 인정했다. 하지만 부자들보다 자신이 조금이라도 열등하다는 것을 고백하느니 차라리 죽는 편을 택할 것이다. 이 점이 아마도 그의 훌륭한 점일 것이다. 하지만 그는 대부분의 부자들보다 열등했고, 그 점은 의문의 여지가 없다. 그는 평균적인 부자들만큼 예의 바르지 않았고, 똑똑하지도 않았으며, 건강하지도 사랑스럽지도 않았다. 그는 몸과 마음이 모두 영양 부족 상태였고, 그것은 그가 가난했기 때문이다. 그리고 현대인에게는 언제나 더 많은 영양분이 필요한 법이다. 그가 몇 세기 전의 다채로운 문명 속에서 살았다면, 그는 분명한 지위를 얻었을 테고, 그의 신분과 수입은 일치했을 것이다. 하지만 그의 시절은 민주주의의 천사

가 나타나서 가죽 날개로 온 계급을 끌어안으며 "모든 사람은 평등하다—적어도 우산이 있는 사람은"이라고 말해 주었기 때문에, 그는 돌아올 수 없는 나락으로 빠져서 민주주의의 전언들마저 듣지 못하는 사태를 막기 위해 신사 계급처럼 행동해야 했다. (47)

레너드 바스트는 '신사'가 엄격하게 혈통과 가문에 의해 결정되는 것이 아니라 부와 재산, 그리고 매너라고 불리는 교양까지를 아우르는 모호한 결정체로서 규정되는 일련의 과정에서 탄생한다. 레너드 바스트는 가난하여 생계를 위해 사무원으로 일해야 한다는 점에서 전통적인 의미의 신사는 아니다. 이때의 전통적인 의미란 신사의 요건으로 명망 있는 혈통과 가문이 중시되는 경우, 즉 타고난 신분으로 이미 상당한 부와 재산을 소유한 경우를 뜻한다. 오스틴의 소설에서처럼 19세기 초에 이르면 이미 신사는 혈통과 가문으로 결정되는 것이 아니라, 재능을 토대로 쌓은 부와 교양을 겸비한 중간 계층까지를 아우르는 개념이 된다. 일단 귀족 세력의 약화 및 중산층 세력의 강화로 엄격하게 신분을 구분하는 장벽이 사라지자, '매너'라고 불리우는 교양을 익혀 고상하고 세련된 신사 계급으로 입성하려는 열망이 영국 사회 중간 계층에서 두드러지게 된다. 20세기 초의 영국 사회를 살아가는 레너드 바스트는 바로 이러한 열망, 즉 현대적인 신사로서 스스로를 자리 매김하고자 하는 열망의 소산이다.

소설 속에서 독자는 런던 퀸스 홀에서 열린 베토벤 연주회에서 그와 처음 마주친다. 연주회장을 떠난 그는 집에 돌아가 차를 마신 후 러스킨의 책을 읽기 시작한다. 베토벤과 러스킨이라는 고상한 문화의 소비자이지만, 레너드는 일펜스를 아끼려고 전차를 타는 대신 이 마일에 가까운 거리를 걸어간다. 문화와 예술을 통해 신사다운 교양을 쌓고자 하는 레너드의 열망과 그가 처한 현실 사이의 간극은 그가 어둡고 답답한 지하 아파트에서 러스킨의 베네치아 견문록을 읽는 장면에서 절실하게 드러난다.

"베네치아 북쪽으로 7마일 지점, 도시 근처에서는 좀처럼 물 밖으로 고개를 내밀지 않는 모랫둑이 점점 높아지다가, 이곳에 이르면 마침내 염분 소택지 들판으로 섞여 들어가 여기 솟고 저기 뭉텅이져 있는데, 그 사이사이를 좁은 하구들이 누비고 있다."

레너드는 러스킨 같은 문체를 구사하려고 노력 중이었다. 그는 러스킨을 영국 산문의 최고 문장가로 여겼다. 그는 계속 책을 읽으면서 이따금 메모를 했다.

"계속해서 이 특징들을 하나씩 살펴보자. 먼저 (기둥에 대해서는 이미 충분히 이야기가 되었으니) 이 교회의 고유한 특징은 그 환한 밝기이다."

이 매끈한 문장에서 배울 수 있는 게 있을까? 이것을 일상의 용도에 적용할 수 있을까? 약간의 수정을 가해서 평신도 예배 집행

자인 형에게 편지 쓸 때 이용할 수 있을까? 예를 들면—

"계속해서 이 특징들을 하나씩 살펴봅시다. 먼저 (환기가 안 된다는 점에 대해서는 이미 충분히 이야기가 되었으니) 이 아파트의 고유한 특징은 그 어둑어둑함입니다."

무언가가 그에게 그런 수정이 별 소용없을 거라고 말해 주었다. 그리고 그 무언가는-그가 알고 있을지도 모르지만-영국 산문이었다. "내가 사는 아파트는 어둡고 답답합니다." 그것이 그에게 어울리는 문장이었다. (51)

영국의 뛰어난 산문가인 러스킨의 문장이 지닌 우아함은 러스킨이 심취해 있는 베네치아의 경관을 그리는 데 적합하지만, 러스킨의 문장을 모방한 레너드의 문장은 지하 아파트를 묘사하는 데에는 어울리지 않는다. 그러나 레너드는 "경의에 차서", "고상한 의지와 아름다움과 심지어 동정심과 인간에 대한 사랑까지 담겨 있는" 러스킨의 목소리를 들었고, "지금처럼 끈질기게 러스킨과 퀸스 홀 연주회와 와츠의 그림에 매달려 지낸다면, 어느날 잿빛 바닷물 위로 머리를 내밀고 우주를 볼 수 있을 것"이라고 기대한다.

그러나 그의 소망과 노력은 늘 그를 비껴간다. 퀸즈 홀에서 베토벤의 5번 교향곡을 듣고 심취했던 레너드는 옆자리에 있던 헬렌 슐레겔이 역시 음악에 깊이 감동받아 더 이상 참지 못하고 자리를 뜨면서 얼결에 그의 우산을 들고 가버리는 바람에 그만 당황하고 만다. 우산을 집어가버린 헬렌의 일행에게 의심을 품으면서도 한편으로는 잘 차려입은 일행에게 악의가 없을지도 모른다는 생각에 "한껏 무례해지지도 못한" 채 안절부절하는 레너드는 분명 감정을 민낯으로 드러내지 말고 언행에 있어 매끄럽게 처신하라는 체스터필드 경의 품행서 지침에 어긋난다고 할 수 있다. 우산을 찾으러 슐레겔 자매의 집까지 동행하게 된 레너드는 그 일행과 음악에 관한 이야기를 나누게 되지만, "탄하우저"였는지 "탄호이저"였는지 헷갈리는 레너드는 점점 입을 다물고 있게 된다. 바그너가 음악사에 남긴 흔적에 대해 주저하지 않고 일갈하는 마거릿 앞에서 그는 점점 더 곤란해 하며 자괴감에 빠진다.

마거릿의 말이 그에게서 새떼처럼 날아갔다. 그 자신이 이렇게 말할 수 있었다면 그는 세상을 얻었을 것이다. 아, 교양을 얻을 수 있다면! 외국 이름을 제대로 발음할 수 있다면! 많은 걸 배워서 여자가 어떤 이야기를 꺼내도 척척 응답하며 대화할 수 있다면! 하지만 그건 너무 오랜 세월이 필요한 일이다. 점심 한 시간, 그리고 저녁 나절의 산만한 몇 시간을 가지고 어떻게 어릴 적부터 꾸준히 책을 읽어 온 이 유한 계급 여자를 따라간다는 말인가? 그도 머릿속에 제법 많은 이름이 들어 있고, 어쩌면 모네와 드뷔시의 이름도 들어 본 것 같았다. 문제는 그걸 문장으로 엮어 낼 수 없다는 것, 그

> 러니까 그것을 "말할" 수 없다는 것, 그리고 잃어버린 우산 생각을 떨칠 수 없다는 것이었다. (41)

『하워즈 엔드』에서 레너드 바스트와 슐레겔 자매의 관계는 신사 계층의 이상과 실제를 시험해 보는 장이 된다. 레너드에게 그 간극은 우산이라는 물건으로 형상화된다. 모네와 드뷔시와 바그너를 머릿속에 떠올리면서도 그는 우산 생각을 떨칠 수가 없다. "가장 큰 문제는 우산이었다. 모네와 드뷔시가 지나간 뒤에도, 우산은 계속 남아서 꾸준히 북소리를 울리고 있었다. '우산은 무사할 거야' 그는 생각했다. '나는 우산을 걱정하지 않아. 대신 음악을 생각할 거야. 우산은 무사할 거야.'"라고 그는 자신을 다독인다. 이렇게 우산은 그에게 아름다움의 추구를 방해하는 것이자 그의 비참한 현실을 시각적으로 드러내는 매개이다. "저는 늘 우산을 훔친답니다."라는 말과 함께 수선스럽게 이 우산, 저 우산을 들어보이던 헬렌은 우산 하나를 펴보이며 레너드에게 말한다. "이 우산 아니에요? 이건 아냐. 솔기가 다 터져 있잖아. 모양새가 흉한 걸 보니 내 우산이 분명해." 그러나 유감스럽게도 그 볼성사나운 우산은 레너드의 것이어서 그는 고맙다고 몇 마디 우물거리고는 "사무원 특유의 바쁜 걸음걸이로" 슐레겔 자매를 떠난다. 이 장면에서 레너드는 신사의 표식, 즉 재치 있는 농담과 우아한 언변, 품위 있는 몸가짐과는 거리가 먼 인물이다. 아무 것도 개의치 않는 헬렌의 말투에 점점 위축된 레너드는 마거릿에게는 동정의 대상이 되고, 먼트 부인에게는 "응접실에 가득한 물건들"을 탐낼지도 모르는 경계해야 할 불순한 인물이 된다. 숭고하고 고상한 문화적 감수성을 실천하고자 하는 레너드의 순수하고 순진한 열망에도 불구하고 솔기가 터지고 구멍난 우산은 그를 신사 문화의 맨바닥으로 끌어내린다.

『하워즈 엔드』에서 포스터는 우산 에피소드를 통해 물질적 부유함과 정신적 숭고함의 함수를 피력한다. 분열과 갈등을 치유할 수 있는 사람들 사이의 신뢰와 믿음은 "부자들만이 누릴 수 있는 호사"이기 쉽기 때문이다. 연주회 입장료 2실링 소비와 프로그램 구매 여부를 고민해야 하는 레너드에게 낯선 사람을 신뢰하는 것은 상상하기 어려운 일이다. 레너드는 잃어버린 우산 때문에 안절부절 어찌할 바를 모르는 자신에게 주소를 가르쳐 달라는 마거릿의 제안을 단호하게 거부한다. 그는 예전에 사람을 믿었다가 참담하게 당한 적이 있기 때문이다. 마거릿은 레너드에게서 집주소를 알려주면 "한밤중에라도 침입해서 그의 지팡이마저 훔쳐 갈 거라고 생각하는 듯한" 누추한 불안을 감지한다. 급히 연주회장을 떠난 프리다가 두고 간 가방을 마거릿은 아무런 의심도 기색도 없이 레너드에게 위임한다. "속에서 돈이 쩔렁거리는" 가방을 위임받은 레너드는 통로를 빠져나가 그 가방을 전달한다. 그 대가로 그는 독일 아가씨의 "예쁜 미소"와 그녀의 기사에게서 "정중한 인사"를 받는다. 자신에게 맡겨진 믿음에 걸맞게 가방을 전달하고 온 그는 "자못 의기양양해"지고 연주회가 끝난 후 마거릿을 동행하는 모험에 나선다. 마거릿은 "의심을 품는 것보다는 속는 게 낫다."는 아버지의 명예로운 기치에 따라 낯선 청년 레너드에게 손을 뻗지만, 이는 "인간 본성에 대한 신뢰"라는 이상을 품는 것에 대한 "사용료"를 기꺼이 지불할 수 있어야 가능한 것이다.

열망

레너드에게 마거릿이 건네준 명함은 솔기 터진 우산과 어둡고 답답한 지하 셋집을 벗어나 새로운 미지의 세계로의 모험을 의미한다. 슐레겔 자매의 집을 방문한 레너드에게 그들은 "교양 있는 세계"를 상징한다. 레너드는 선망을 담아 슐레겔 자매의 명함을 러스킨의『베네치아의 돌들』책갈피에 끼어두고는 누추한 자신의 일상을 넘어 남모르게 비상하는 환상의 세계로의 출입증으로 여긴다. 반면 마거릿은 레너드가 품은 신사로의 열망을 불쾌해 하며, 다소 안타까워 하는 시선으로 바라본다.

> 처진 콧수염 위로 드러난 기운 없는 눈은 런던에 흔하디 흔할 뿐 아니라, 원망하는 유령처럼 도시의 어떤 거리들을 배회하는 것이기도 했다. 그는 이른바 제 3세대라고 할 수 있었다. 문명의 힘이

> 도시로 빨아올린 양치기 또는 농부의 손자, 육체의 힘을 잃고 영혼의 삶에 이르는 데 실패한 수많은 사람들 가운데 하나였다. 건장함의 흔적은 본래의 준수했던 듯한 용모보다 더 뚜렷하게 남아 있었고, 마거릿은 남자의 더 꼿꼿할 수 있었던 척추와 더 넓을 수 있었던 가슴을 인식하고는, 연미복과 한두 가지 관념을 위해서 눈부신 동물성을 포기하는 게 과연 사람에게 보탬이 되는 일일까 하는 생각을 했다. (151)

마거릿의 철학적 사유에서 연미복과 중절모자, 그리고 관념적 교양이라는 신사의 요건은 자연스러운 인간성과 건강한 남성성을 위축시키는 해악에 가깝다. 마거릿과 헬렌은 레너드에게서 “막연한 열망, 정신적 허영, 책껍데기들과의 친숙함”과 “경계를 밀고 나가”려는 진정성, 즉 문학적 감상주의와 타고난 감수성이 혼란스럽게 뒤섞여 있음을 본다.

별을 보며 밤길을 산책하면서 자연과 교감하는 경험을 책으로 낸 작가들의 족적을 따라 레너드는 밤을 새워 걸어 런던을 벗어나 서리 주까지 다녀온 경험을 마거릿과 헬렌에게 털어 놓는다. 스티븐슨과 E. V. 루카스, 리처드 제프리스, 조지 보로와 소로에 이르기까지 “자연”으로의 길을 찬미한 책들을 섭렵하고 레너드는 “땅으로 돌아가고자” 모험에 나섰지만, 울퉁불퉁한 길은 어둠 속에서 걷기에 힘들었고, 북극성은 가로등과 안개에 가려 보이지 않았으며, 새벽은 "그저 잿빛에 불과"할 뿐이었고 추위와 허기와 지루함으로 점철된 산책으로 끝나고 말았음을 토로한다. 그의 열기 어린 진정성을 이해해 준 슐레겔 자매는 그의 잿빛 인생에 밝은 한 귀퉁이, 로맨스를 위한 귀퉁이로 은밀하게 자리잡는다. 그러나 경제적 토대가 없는 관념적 이상으로서의 신사는 레너드에게 맞지 않는 옷과도 같다. 슐레겔 자매를 방문한 후 런던 거리로 나선 레너드는 그의 모습을 신사답게 꾸며 주는 중절모를 쓴다. 약간 뒤로 기울여 쓴 모자는 그의 얼굴을 "훨씬 더 길어" 보이게 하고 "눈과 콧수염 사이의 거리"도 더 두드러지게 하여 그의 불안을 감추고 그를 안전하게 위장해 주지만, 실제로 모자는 그에게 너무 커서 "그의 머리가 푸딩이 그릇 속에 잠기듯" 사라질 정도이다.

신사 계급의 끝자락에 위치한 레너드의 신사 문화에 대한 열망은 신사 계급의 문화와 철학적 사유의 소산인 슐레겔 가와의 인연을 이어준다. 그러나 아이러니하게도 그 인연으로 인해 레너드의 삶은 더욱 피폐해진다. 자선과 박애라는 기치 하에 슐레겔 자매는 레너드에게 그가 다니는 직장인 포피리언 보험회사에 대한 잘못된 정보를 전달하고 이를 받아들인 레너드는 허술한 직장으로 옮겼다가 해고를 당하고 더 심각한 빈궁한 상태로 내몰린다. 헬렌이 자신의 신탁 재산의 절반을 레너드에게 주려고 한 것은 레너드에 대한 도덕적 책임감에 기인한다. 그러나 파산하고 셋집에서도 쫓겨난 레너드 부부를 찾을 수 없게 되자 그 돈으로 주식 중개인의 조언으로 수익이 좋은 재투자를 하게 되고, 결국 헬렌의 선의는 그녀 자신의 재산을 더욱 불리는 결과를 낳게 된다. 경제적 자립을 잃게 된 레너드는 슐레겔 가와의 인연을 끊고 가족들에게 손을 벌리는 "직업적 거지"가 되어 점잖은 사회에서 배척받는 존재가 되지만, 이제 그는 허영과 진정성 사이에서 방황하는 젊은이가 아니라, 참담함 속에서 새로운 밝은 면을 찾아간다.

레너드의 변화는 그의 아내 재키를 대하는 태도에서 드러난다. 재키는 레너드보다 스무살이나 위인 여자로 감수성도 교양도 없는, "간단히 말해 그리 존경할 만한 여자는 아니다." 아직 독립적으로 결혼할 수 있는 나이에 이르지도 않은 레너드와 함께 살면서, 재키는 조야한 취향과 무지함으로 문화와 예술에 대한 레너드의 목마름과 열망을 이해하지도 못한다. 십여 년 전 사이프러스에서 다른 남자의 정부로 지냈던 과거를 알면서도 레너드는 신사의 명예라는 이름으로 재키를 지켜주겠다는 약속에 스스로를 얽매어 가족의 반대를 무릅쓰고 그녀와 결혼을 하기에 이른다. 그러나 레너드는 절대적인 실패와 어둠 속에서 자신을 "진정한 남자, 모험과 아름다움을 사랑하고, 스스로 돈을 벌어 부끄럽지 않게 살고자 하는 남자, 그를 깔아뭉개며 지나가는 무참한 운명보다 더 영예롭게 길을 갈 수 있었던 남자"로 바라본 헬렌의 시선 앞에서 환각에 빠진다. 서로를 "절대적으로 30분간" 사랑한 헬렌이 황망히 그를 떠난 후 레너드는 죄의식과 두려움에 시달리지만 오히려 이를 계기로 그는 재키와 자신 사이에 두었던 은밀한 열망, 즉 신사 계층의 문화를 전유하고 신사로서 자리매김하고자 하는 로맨스에서 벗어나게 된다. 재키에 대한 새로운 애정을 품게 되면서 레너드는 이제 "고귀한 마음으로 재키를 연민"한다.

> 그는 이제 고귀한 마음으로 재키를 연민했다. 어떤 상황에서도 한 여자에게 붙어 있은 남자의 경멸어린 연민이 아니었다. 그는 신경질을 줄이려고 노력했다. 그녀의 허기진 눈이 무엇을 원하는지를 생각했다. 그녀는 아무 것도 표현하지 못했으며, 다른 어떤 남자라도 그것을 구해 줄 수 없었다. 그녀가 자비로운 정의를 받게 될 수 있을까? 이 바쁜 세상이 자신의 부산물들에게 미처 베풀어 줄 틈이 없는 그런 정의를? (333)

신사 계급의 가장자리에 위태롭게 서성이던 레너드는 그 경계를 벗어나 빈곤과 점잖치 못한 심연으로 떨어지면서 오히려 고귀한 마음에 도달한다. 애지중지하던 신사의 전유물, 자신의 신사다움을 고양하는 통로인 책들을 잃고서 레너드는 러스킨의 유려한 『베네치아의 돌들』에 담긴 "노력과 자기 희생", "고상한 의지와 아름다움과 심지어는 동정심과 인간에 대한 사랑"까지 실현하기에 이른다.

레너드 바스트의 삶은 20세기 초 에드워즈 조의 영국 사회에서 신사라는 신분이 엄격한 신분제 구조에서 벗어나 민주적인 열망의 대상이 되었음을 잘 드러낸다. 그러나 이 민주주의적인 열망은 경제적 자본과 문화적 자본의 함수 관계에 위태롭게 의존하고 있음을 알 수 있다. 레너드는 문화적 자본을 소유하고 소비함으로써, 즉 책을 읽고 연주회에 가서 음악을 듣는 행위를 통해 자신의 감수성과 정신을 고양하여 전통적인 신사 계층의 신분을 확보하고자 애쓴다. 이러한 열망은 경제적 자본의 불안정으로 번번이 좌절되고, 그는 허영심과 진정성 사이에서 분열된 양상을 보인다. 아이러니하게도 "막연한 열망, 정신적 허영, 책껍데기들과의 친숙함"을 포기하고 불명예와 수치를 정직하게 떠안았을 때, 레너드는 참담함 속에서 "나"를 버린 연민을 취하고 정의를 구한다.

환멸

『하워즈 엔드』에서 신사 계급의 가장자리에 자리잡고 있던 레너드는 신사 계급의 중심부의 질서를 교란한다. 앞서 언급했듯이 『하워즈 엔드』는 영국 신사 계급의 두 부류, 즉 자본주의적 산업화 세력을 대변하는 윌콕스 가와 리버럴리즘에 입각한 사유와 문화

전통을 대변하는 슐레겔 가의 일상과 갈등을 추적하는 풍속소설이다. 『하워즈 엔드』의 도입부는 윌콕스 가족들이 살고 있는 시골 저택 하워즈 엔드를 방문한 헬렌 슐레겔이 보낸 편지로 시작한다. 하워즈 엔드는 소설 속에서 계층과 성향이 서로 다른 인물들이 집약되는 공간이다. 윌콕스 부인으로 대변되는 전통적인 젠트리 사회 문화의 소산인 하워즈 엔드는 이제 런던을 중심으로 한 근대적 영국을 형성한 신흥 세력인 헨리 윌콕스를 가부장으로 하는 구도에 편입되어 있다. 전통적인 농업 경제 사회에서 젠트리 문화의 터전인 시골 저택 하워즈 엔드가 윌콕스 가의 거주지가 되었다는 사실은 의미심장하다. 『하워즈 엔드』의 소설 구도는 자본에 의해 계층간 유동성과 분화가 동시에 심화되는 현대 사회의 현실을 포착하는 데에서 비롯되기 때문이다.

헨리 윌콕스는 대영제국의 아프리카 식민지의 자원과 노동력을 바탕으로 부와 권위를 획득한 사업가로 자본과 기술의 발전으로 이루어진 "외적인 삶"(the outer life)을 추구하며, 근대적 영국의 추진력과 역동성을 대변하는 신흥 부르주아 신사이다. 며칠 동안의 해프닝으로 끝나고 말지만, 감성적이고 열정적인 헬렌은 하워즈 엔드에서 윌콕스 가문과 사랑에 빠진다. 실제로 헬렌이 "사랑에 빠진 대상은 그 집의 한 개인이 아니라 가족 전체였다."라는 화자의 설명은 하워즈 엔드의 전통을 포섭하는 데 성공한 헨리 윌콕스로 대변되는 신흥 부르주아 계층의 활력과 매력을 시사한다.

진실을 말하자면 그녀가 사랑에 빠진 대상은 그 집의 한 개인이 아니라 가족 전체였다.

폴이 오기 전에 그녀는 이미 그를 향해 조율되어 있었다. 윌콕스 가족의 에너지에 매혹된 그녀의 섬세한 마음속에는 아름다움에 대한 새로운 이미지들이 만들어졌다. 그들과 함께 하루 종일 야외에서 지내고, 그들의 지붕 아래 함께 잠드는 것은 인생의 지복처럼 여겨졌고, 그 기쁨 속에 그녀는 자신을 버렸다. 그것이 바로 사랑의 전주곡이라 할 만한 것이다. 그녀는 윌콕스 씨에게, 또 이비에게, 또 찰스에게 굴복하는 게 좋았다. 평등이란 헛소리였다. 여성 참정권도 헛소리였고, 사회주의도 헛소리, 인성 함양을 위해서가 아니라면 문학과 예술도 헛소리였다. 슐레겔 가의 사람으로서 지녔던 견해들이 하나둘씩 거꾸러졌고, 헬렌은 겉으로는 그것들을 방어하려고 애쓰는 척했지만, 속으로는 즐거웠다. 윌콕스 씨가 건전한 사업가 한 명이 사회 개혁가 열두 명보다 세상에 더 보탬이 된다고 말했을 때, 그녀는 단숨에 그 기이한 주장을 받아들이고는 그의 자동차 쿠션에 호사스럽게 몸을 묻었다. 찰스가 "하인들에게는 예의를 갖출 필요가 없어요. 잘해 줘도 모른다고요."라고 말했을 때, 그녀는 슐레겔 사람답게 "상대방이 모른다 해도 저는 알아요." 하고 대꾸하지 않았다. 오히려 앞으로는 하인들에게 그렇게 예의를 지키지 말아야겠다고 결심했다. "그동안 나는 번지르르한 말에 둘러싸여 살았어." 그녀는 생각했다. "여기서 그걸 벗어버리는 것도 좋을 거야." 그녀의

> 모든 생각과 행동과 호흡이 폴의 등장을 조용히 기다리고 있었다. 그것은 당연히 폴이어야 했다. 찰스는 다른 여자에게 넘어가 있었고, 윌콕스 씨는 너무 나이가 많았으며, 이비는 너무 어렸고, 윌콕스 부인은 너무 달랐다. 그녀는 아직 만나지도 못한 작은 아들의 머리에 로맨스의 후광을 두르고, 그곳에서 지낸 행복한 나날의 광채를 비추었으며, 그를 통해서 견실한 이상에 다가갈 수 있다고 느꼈다. (24-25)

헬렌 슐레겔과 폴 윌콕스의 짧은 사랑은 처음부터 불발에 그치고 말지만, 이 만남은 소설 전체 서사의 동인이 된다. 서로 상반된 두 개의 영국은 과연 화합하여 통합된 영국을 이루어 낼 수 있을 것인가? 전통적 영국성의 소산인 하워즈 엔드는 상반된 근대성을 아우르는 토대가 될 것인가? 새로운 세계에 대한 흥분과 열정 속에 헬렌은 폴과 사랑에 빠졌지만, 바로 다음 날 아침 윌콕스 가족의 세계가 "사기"임을 직관적으로 꿰뚫어 본다. 헬렌은 윌콕스 가의 활력과 매력은 "신문과 자동차와 골프채로 쌓아올려진 벽"과 같을 뿐만 아니라, 그 너머에는 단지 "공포와 공허함" 만이 자리 잡고 있을 것을 두려워한다.

뒤이어 본격적으로 전개되는 헨리 윌콕스와 마가렛 슐레겔의 결혼을 둘러싼 소설 구조를 통해 포스터는 윌콕스 가로 대변되는 새로운 신사 계층의 역사적 의미를 반추한다. 헬렌이 윌콕스 가와 사랑에 빠졌던 것처럼, 마가렛도 헨리 윌콕스의 활력이 현재의 영국을 형성하는 주요 동인임을 인정하고, 헨리 윌콕스와 같은 계층을 양산한 근대성이 그녀가 살고 있는 현대 세상의 단단한 기반임을 자각한다. 세련된 문화적 감수성과 비판적 사유를 대변하는 슐레겔 자매는 자신들을 비롯하여 윌콕스 가는 "돈이라는 섬을 딛고 서 있는 사람들"이며 그 섬이 "우리를 튼튼하게 받쳐 주고 있고, 이 세상의 영혼 자체가 경제적 성격을 띠고" 있음을 자각하고 있다.

헨리의 청혼을 받은 후 결혼의 당위성에 관해 논쟁을 벌이던 슐레겔 자매가 도체스터의 거친 토양과 솔스베리의 평원, 에이번 강 지역을 굽어보며 침묵에 잠길 때 포스터는 진정한 영국의 후계자는 누구인가라는 질문을 던진다.

> 영국은 큰 강어귀마다 고동치고 모든 갈매기들의 입을 통해 환희를 외치며 살아있었다. 북풍은 솟아오르는 물결을 거스르며 더욱 사납게 맞부딪혔다. 이것은 무엇을 의미하는가? 영국의 복잡한 아름다움, 다양한 토질, 구불구불한 해안선은 무엇을 위한 것인가? 영국은 영국을 빚고 이 나라를 세상이 두려워 하는 위용을 떨치게 만든 이들에게 속해 있는가? 아니면 영국에 아무 힘도 보태지 않았으나 그것을 은빛 바다에 뜬 보석으로 여긴 사람들, 그것이 영혼의

> 배가 되어 이 세상 모든 용감한 선단과 함께 영원을 향해 나아간다고 여긴 사람들에게 속해 있는가? (183)

뱃길을 개척하고 낯선 오지로 뻗어나가 끝없이 팽창하는 제국의 선두에 있는 이들과 내면적 감수성을 고양하고 비판적 성찰에 몰두했던 이들로 구성된 두 개의 영국을 어떻게 화합할 것인가, 윌콕스 가와 슐레겔 가가 진정 서로 화합을 터득할 수 있을 것인가라는 문제가 소설 전반에 제기된다.

그러나 『하워즈 엔드』는 "거대함이라는 환상"을 추구하는 제국주의의 부도덕성과 이러한 확장의 역사가 서서히 와해되어 가는 징조를 윌콕스 가의 몰락을 통해 상징적으로 드러낸다. 실제로 물질적 풍요로움, 팽창주의, 논리적 사고, 효율성의 원칙을 추구하는 헨리 윌콕스는 끊임없이 외적으로 팽창하고 유동하는 활력을 갖추었지만, "평등도 헛소리"이고 "여성 참정권도 헛소리"이고, "사회주의도 헛소리"이며 "인성 함양을 위해서가 아니라면 문학과 예술도 헛소리"라고 주장하며 "건전한 사업가 한 명이 사회 개혁가 열두 명보다 세상에 더 보탬이 된다."고 거침없이 말하는 헨리는 도덕적 감수성을 결여하였다는 점에서 문제적인 신사상을 제시한다.

헨리를 포함한 윌콕스 가문의 비윤리성은 마거릿에게 하워즈 엔드를 물려주겠다는 루스 윌콕스의 유언 집행이 은밀하게, 철저하게 거부되는 데에서 잘 드러난다. “거대함이라는 환상”(the phantoms of bigness)을 좇는 윌콕스 가족들의 탐욕이 법리적 해석을 통해 인격적인 관계(personal relations), 직관적 사고, 내면의 감수성과 상상력을 대변하는 슐레겔 자매가 영국의 토양에 뿌리내리기를 기원하는 루스의 소망을 “아픈 사람의 공상”으로 치부하고 말았기 때문이다. 런던의 “끊임없는 유동성”과 “영원한 무정형성”에 익숙해져 이미 집을 잃은 상태(homelessness)에 있는 헨리 윌콕스에게 “집”이란 소유의 대상일 뿐이어서, 루스에게는 하워즈 엔드가 언제라도 돌아갈 수 있는 영원한 마음의 고향이며 “영혼”임을 헨리는 이해하지 못한다. 근대화와 현대화의 물결이 거세짐에 따라 태어나고 자란 집을 잃고 떠도는 “유목민 무리”에 합류하지 않을 수 없게 된 슐레겔 자매를 하워즈 엔드의 영적 후계자로 삼았음을 이해하지 못하는 헨리는 임종의 침상에서 루스가 쓴 유언장 편지를 연필로 씌여진데다 날짜도 서명도 없다는 이유로 찢어 난로 불길 속에 던져 버리고 만다.

“거대함이라는 환상”은 헨리의 회사, 제국 서아프리카 고무회사 사무실 벽에 걸린 아프리카 지도에 함축적으로 표현되어 있다. 헨리의 청혼을 받아 들인 후 마거릿은 헨리의 사무실을 방문한다. “맞은편 벽에 걸린 아프리카 대륙 전체의 지도는 기름을 잘라내려고 이리저리 금을 그어 놓은 고래 같았다.” 헨리의 부의 원천인 아프리카는 거대한 고래로 비유되었으나, 세계의 일부라거나 자연의 생명체로서 여겨진 것이 아니라 살육의 대상이며 물질로 여겨진다. 아프리카 대륙을 분할하는 선은 아프리카 대륙의 소유권을 주장하는 유럽 강국의 제국주의 역사를 반영한 것이다. 끊임없이 팽창하고 정복함으로써 이윤을 추구하는 제국주의자에게 직관과 감성, 소통에 기반한 내적 관계는 불합리할 뿐이다. 하워즈 엔드에 처음 발을 디딘 순간 마거릿은 "런던이 부추기는 거대함의 유령이 영원히 가라앉았다."고 느끼며 "다시 한 번 10제곱마일은 1제곱마일보다 열 배로 훌륭한 것도, 천 제곱마일이 거의 천국과 같은 것도 아님을 상기"한다.

마거릿이 하워즈 엔드를 통해서 공간의 아름다움을 상기하게 되고, 삶의 신비와 기쁨을 불현 듯 느끼게 되는 것에 반해, 헨리는 하워즈 엔드를 "거대함"을 추구하는 역사를 거스르는 사례로 거론한다. "50년 전… 그때는 대지가 지금의 네 배, 아니 다섯 배였지. 적어도 30에이커는 됐을 테니, 그 정도 규모라면 무언가 할 수 있었을 거요… 내가 여기 처음 왔을 때 남은 건 초지뿐이었고 그것조차 무겁게 저당잡혀 있었으니… 집도 그랬고." 헨리는 독백처럼 말을 잇는다. "소작농들의 시대는 이제 끝났소. 집약적 경작이 아니라면 수지를 맞출 수가 없으니까. 소농들이여, 땅으로 돌아가라고? 환상에 사로잡힌 헛소리지. 이제 소규모로는 아무 것도 할 수 없소. 지금 당신이 보는 땅 대부분은 파크 대저택 사람들의 소유요. 그 사람들은 구리 사업으로 돈을 벌었지. 훌륭한 사람들이오."
땅의 소유권에 대한 언급에서 대규모 토지 소유를 가능하게 한 부의 원천, 산업화에 대한 언급으로 이어지는 논리 구조 안에서 소유권과 윤리적 가치는 등가시된다. 헨리는 땅을 일구고 살아가는 삶에 대한 애정을 "헛소리"로 치부하며, 구리 사업을 통해 돈을 벌어 땅을 소유하고 소유권을 확장한 이들을 도덕적으로 "훌륭한" 사람들이라고 규정하는 것이다.

헨리는 이처럼 경제적 이득과 거대함이 윤리적 가치를 보증하는 논리 구조 안에서 사고한다. 가난한 청년 레너드를 돕고 싶어하는 슐레겔 자매에게 정확하지 않은 경제 정보를 건네고도 이로 인해 레너드가 기업 경제의 회로에서 추방당하자 헨리는 도의적 책임을 지기를 거부한다. 자본 경제 회로에서 벗어난 레너드는 더 이상 헨리에게 인격적인 관계 맺음의 대상이 아닌 것이다. 레너드의 아내 재키에 대해서도 헨리는 같은 입장을 취한다. 그는 십 년 전 키프로스에 주둔했을 때 자신의 정부였던 재키를 무책임하게 버린 바 있다. 이렇게 볼 때 도시화 산업화, 제국화는 헨리 윌콕스를 현재의 당당한 신사로 만든 부의 원천인 동시에 그 이면에 감춰져 있던 점잖지 못한 욕망의 뿌리이자 비윤리적 행동의 토대이다. 낯선 식민지 지역에서 수치심 없이 정부를 둠으로써 아내 루스를 배반했던 헨리는 하워즈 엔드의 상속권을 지정하는 루스를 또다시 배신한다. 재키를 점잖지 않은 여자로 내몰았던 것처럼 헨리는 스스로를 정신적으로 고양하여 신사가 되고 싶어 했던 레너드를 점잖은 사회 바깥으로 내몬다.

『하워즈 엔드』는 영국의 추진력과 역동성을 대변하는 신흥 부르주아 신사 헨리 윌콕스의 비윤리성을 이렇게 폭로한다. 헨리는 자본주의 경제 안에서 적극적인 이윤 창출을 통해 경제적 부를 쌓아 이를 토대로 신흥 신사 반열에 오른다. 헨리와 같은 부류가 동인이 되어 영국 사회는 급격한 도시화와 산업화를 이루고, 이 거대한 흐름은 농민의 후예인 레너드를 도시 경제 회로 안으로 빨아들인다. 레너드는 근대 경제 구조 안에 갇힌 채 고전적인 상류 문화를 선망하지만, 신사처럼 살고 싶은 그의 욕망은 헨리의 의해 거부당한다. "신사 계급의 가장자리 맨 끝에" 위태롭게 서있던 레너드 바스트는 헨리의 무책임한 조언, 거대함을 맹목적으로 추구하는 환상에 떠밀려 결국 "나락"에 빠지고 만 것이다.

유산

『하워즈 엔드』의 후반부에서 소설의 주요 인물들은 하워즈 엔드로 다시 모인다. 레너드는 마거릿에게 헬렌에 대해 고백하고 죄책감과 회한을 풀고자 하워즈 엔드를 찾아 어두운 밤길을 나선다. 하워즈 엔드를 찾아가는 여정은 몇 해 전 자연으로의 길을 찬미한 책들을 섭렵하고 "땅으로 돌아가고자" 나섰던 모험과 대비된다. 추위와 허기와 지루함으로 점철된 산책 끝에 우울한 잿빛 새벽을 맞이했던 그때와 달리, 레너드는 순례의 길에 오른 듯 달이 지고 해가 뜨는 것을 바라보며 깊은 사색에 잠긴다.

> 튜인 호수 위를 지날 때 날이 완전히 밝았다. 왼쪽에는 제방과 그 아치들이 만들어 내는 그림자가 드리워졌고, 오른 쪽 멀리로는 튜인 숲과 불멸에 관한 기이한 전설이 있는 교회가 보였다. 튜인 교회 묘지에 있는 무덤 한 곳에서 나무 여섯 그루가 자라났다는 것이다(이것은 사실이다). 무덤에 묻힌 사람은 무신론자였는데, 만약 세상에 신이 있다면 자기 무덤에서 나무 여섯 그루가 자라날 거라고 말했다고 한다(이것은 전설이다). 이것들이 하트퍼드셔의 풍경들이고, 앞쪽 멀리로는 세상을 등진 채 예언서를 쓰고 전 재산을 가난한 사람들에게 준 은둔자의 집이 있었다(윌콕스 부인은 그를 알았다). 그 중간에는 인생을 좀 더 견실하게 바라보는—그 견실함이 반쯤 감은 눈에서 나오는 것이라 해도—사업가의 저택들이 흩뿌려져 있었다. 이 모든 것 위로 태양은 흘러갔고, 이 모든 것을 향해 새들이 노래했고, 이 모든 것을 향해 앵초꽃은 노랗고 꼬리풀은 파랬으며, 사람들이 뭐라고 해석하건 시골은 "지금"이라는 외침을 내질렀다. 시골은 아직 레너드를 풀어 주지 않았고, 기차가 힐튼에 가까워지면서 칼은 그의 심장으로 더 깊이 들어갔다. 하지만 회한은 이제 아름다운 것

이 되어 있었다. (338)

새벽의 태양 아래 전설과 사실이 어우러진 영국의 전원, 신비로운 영혼을 추구하는 이와 견실한 물질을 쌓아 올리는 이, 죽은 이와 살아 있는 이가 섞여 어우러진 세상을 바라보며 레너드는 점점 더 자신의 내면을 들여다 본다. 죄의식에서 선함에 대한 믿음이, 누추한 삶에서 위대함의 가능성이, 죽음에 대한 예견에서 사랑이 솟아날 수 있다는 깨달음과 함께 레너드는 고통이 사그러드는 것을 느낀다.

> 자신의 죄에 깊이 몰두해 있는 레너드는 다른 곳에는 본질적인 선함이 있을 거라는 확신이 들었다. 그것은 그가 학교에서 배운 낙관주의는 아니었다. 북이 몇 번이고 울리고 고블린들이 우주를 활보한 후에야 기쁨 속에서 피상적인 것들을 제거할 수 있었다. 그런 깨달음은 약간 역설적이었고, 그건 그의 슬픔에서 솟아나온 것이었다. 죽음은 사람을 파괴하지만 죽음의 관념은 사람을 구원한다. 지금까지 이보다 훌륭한 설명은 없었다. 누추함과 비극은 우리 안에 들어 있는 모든 위대한 것들을 불러낼 수 있고 사랑의 날개에 힘을 줄 수 있다. 불러낼 수 있지만 그렇게 할 것인지는 분명하지 않다. 그것들은 사랑의 노예가 아니기 때문이다. 하지만 어쨌건 불러낼 수는 있다는 놀라운 진실이 그에게 위안을 주었다.

집이 가까워지자 모든 생각이 멈추었다. 그의 마음속에는 모순된 것들이 나란히 서 있었다. 그는 두려웠지만 행복했고, 부끄러웠지만 죄가 없었다. 그는 고백할 말도 알았다. "윌콕스 부인, 제가 잘못했습니다." 하지만 해가 뜨면서부터 이미 그 말의 의미는 사라졌고, 그는 그저 대단한 모험을 하는 듯한 느낌이었다. (339)

레너드는 이제 오랫동안 추구하던 내적인 모험을 마치고 스스로 평화를 찾았다. 그리고 헬렌과 마거릿을 마주하고 마음속에 품고 있던 고백을 내뱉는 순간 그는 죽음을 맞이한다. 예기치 않게 나타난 레너드를 본 찰스가 벽에 걸려 있던 칼을 들어 그의 어깨를 내리쳤고, 그 순간 가슴의 통증을 느끼며 레너드는 쓰러지고 만다. 책장이 엎어지면서 레너드는 "소나기처럼" 쏟아져내리는 책의 세례를 받으며 죽음을 맞는다. 슐레겔 자매가 아버지로부터 물려받은 오래된 독일제 칼과 역시 슐레겔 가족이 소장하던 책들에 덮여 레너드가 죽음을 맞이한다는 사실은 윌콕스 가문과 함께 신사 계층 문화의 중심에 있던 슐레겔 가 역시 레너드 바스트를 받아들이는 데 실패했음을 단적으로 보여준다. 신사 문화의 전유물인 책을 통해 삶의 아름다움과 정신의 고양에 이르기를 희구하던 레너드는 결국 상징적으로 책의 무게에 깔리고 만다.

슐레겔 자매에게 책이란 어릴 적부터 자연스럽게 접하여 교양과 지성을 쌓는 통로이기도 하지만, 집을 옮길 때마다 함께 옮겨야 하는 소유물이기도 하다. 슐레겔 자매가 아끼는 수많은 장서들은 대대로 이어 축적되어 온 신사 계층다운 교양의 가시적 지표이자 신사다운 문화를 향유할 수 있는 토대인 부의 지표이기도 하다. 19세기 후반 이래 교육법의 개정으로 글자를 읽고 책을 읽는 것이 더 이상 상류 계층만의 특권이 아니게 되고, 값싼 인쇄물과 문고판 서적이 대중적으로 보급되기 시작한 이래 신사 계층이 책을 소장용 장서로 여기는 경향은 더욱 강화되었다. 수제 제작과 가죽 장정 등을 통해 정성스럽게 책을 만드는 과정은 예술적인 것으로 여겨지기도 했다. 임신을 숨기고 아무도 만나고 싶어하지 않던 헬렌이 하워즈 엔드로 옮겨진 슐레겔 가문의 책을 찾아 하워즈 엔드로 돌아올 만큼 책은 슐레겔 가로 상정되는 신사 계층 문화의 핵심적인 요소이다.

이에 반해 레너드가 탐독하던 책들은 그가 집세를 내지 못해 셋집에서 쫓겨날 때 버려진다. 가구 달린 셋집에서 생활하던 레너드에게 러스킨의 『베네치아의 돌들』을 포함한 몇 권의 책은 얼마 되지 않는 그의 소유품이었지만, 레너드는 결국 애독하던 손때 묻은 책들을 셋집에 두고 떠난다. 빈 셋집에 남겨진 몇 권의 책들은 레너드가 절실하게 신사가 되려고 애썼던 흔적인 동시에, 신사 계급의 끝자락에서 그가 품고 있던 "막연한 열망, 정신적 허영, 책껍데기들과의 친숙함"을 그가 버렸음을 상징적으로 드러낸다.

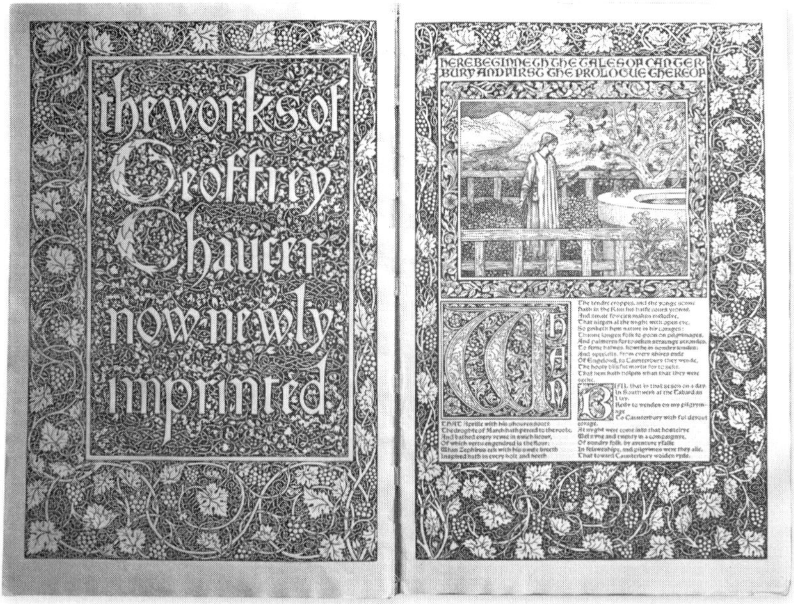

그림 4 윌리엄 모리스(William Morris)가 제작한 초서 작품집(1896).
화려하고 섬세한 수공예 도서 제작의 백미로 여겨진다.

출처: Exter College Library
http://exetercollegespecialcollections.com/tag/william-morris/

레너드의 죽음으로 마거릿은 헨리 윌콕스라는 현대적 신사 계층의 부조리함과 레너드 바스트의 열망에 대해 다시 숙고한다. 헨리가 임신한 헬렌을 하워즈 엔드에 받아들일 것을 거부했을 때 마거릿은 자신이 헨리와 재키와의 과거를 용서했던 것이 아무 의미가 없었음을 깨닫는다. 마거릿은 분열된 세계에서 중용은 그 어느 쪽의 중간에 있는 것이 아니라는 믿음으로 헨리를 용서하고 그의 청혼을 수용했다. 루스 윌콕스를 배반하고 재키를 정부로 두었던 헨리의 과거를 삶의 진실은 "양쪽 영역으로 부지런히 드나든 결과로" 얻을 수 있다는 믿음으로 용서했지만, 헨리는 마거릿의 탄원에도 불구하고 미혼 상태에서 임신한 헬렌을 부도덕하다고 비난하며 단 하루밤도 하워즈 엔드에 들일 수 없다고 외면한다. 이제 마거릿은 현대적 신사 계층의 실체를 분명히 이해하기에 이른다. 그녀는 "자신의 남편만이 아니라 그와 같은 수천 명의 남자를 향해서, 상업의 시대가 닥치면서 사회의 상층 자리에 생겨난 내적 어둠"을 직시하고 그에 대항하기로 한다. 헨리가 "그녀 없는 인생을 계획한다 해도 그녀는 사과할 수 없다."고 마거릿은 자신의 입장을 정리한다. 마거릿은 자신과 헨리의 화합은 레너드와 재키의 비참함과 비극을 딛고 올라선 절벽 위처럼 위태로운 것이었으며, "그들은 절벽에서 떨어지지 않으려 노력했지만, 어쩌면 추락은 불가피"하리라고 예견한다.

마거릿은 거대함이라는 환상을 벗어나기로 한다. 게임의 법칙을 따라 "킹이 퀸을 취하고 에이스가 킹을 취하는 질서정연한 광기"가 빚어낸 소동과 참화를 벗어나, 광기의 세계 뒤에 있는 삶, 그녀의 발밑에 죽은 채 누워 있는 남자가 열망했던 것과 같은 "아름다움과 모험"을 찾기로 한다. 헬렌 또한 두려움에서 벗어나 아이를 위해 침착함을 되찾고, 레너드를 애도한다.

> 아기가 세상에 태어날 가능성은 매우 높았고, 세상이 제공하는 아름다움과 모험을 얻을 가능성 또한 매우 높았다. 그녀는 햇빛 가득한 정원을 서성거리며 흰 바탕에 진홍빛 눈이 박힌 수선화를 땄다. 달리 할 수 있는 일이 없었다. 전보와 분노의 시기는 지났고, 이제 레너드의 두 손을 가슴 위에 얹고 꽃을 덮어 주는 게 가장 현명한 일 같았다. 여기 아기 아버지가 있다. 그대로 두어야 했다. 누추함이 비극으로 — 그 눈이 별처럼 빛나고 그 손은 일몰과 여명을 움켜쥔 비극으로 — 변해 가도록 내버려 두어야 했다. (345-46)

찰스가 레너드의 죽음에 대해 과실치사로 기소되어 수감되면서 윌콕스 가문은 쇠락한다. 마거릿은 찰스가 처벌을 받을 이유가 없다고 믿었지만, 법은 그에게 3년의 징역형을 선고한다. 견고하고 탄탄했던 헨리의 "요새는 무너지고", 병든 제국주의자 헨리는 하워즈 엔드로 물러난다. 하워즈 엔드는 헨리가 한때 바랐듯 호화로운 저택도, 이익을 산출하는 대규모 농장도 아니며, 마거릿의 예술가적인 기질을 지닌 런던 친지들의 호감을 살 만한 곳도 아니지만, 이제 윌콕스 가의 남성과 슐레겔 가의 자매로 상징되는 서로 다른 영국이 서로를 이해하고 감싸안을 수 있는 화해의 장으로 제시된다. 또한 거대한 도시화와 현대화의 물결에 떠밀려 부유해야 했던 두 자매는 대립된 가치 구조의 차이를 뛰어넘고자 하는 각자의 시도-마거릿은 헨리와의 결혼을 통해, 헬렌은 레너드를 사랑함으로써-를 통해 하워즈 엔드에 삶의 뿌리를 내린다. 헬렌처럼 마거릿도 하워즈 엔드에서 "움직임에 대한 열병"을 치유할 희망을 찾는다.

소설의 마지막 장에서 노신사 헨리는 움직임과 거대함을 좇는 환상에서 벗어나 화합을 실현한다. 그는 마거릿과 마거릿의 사후에는 헬렌의 아들을 하워즈 엔드의 상속자로 지정하고 자신의 재산을 처분하여 10년 안에 반으로 줄이겠다고 약속한다. 레너드는 하워즈 엔드의 비옥한 토양과 풍성한 자연의 생명력, 그리고 무엇보다도 신비로운 자연의 치유력을 미처 경험하지 못하고 죽음에 이르렀지만, 레너드의 후손은 이제 분열과 파편을 이어 화합하는 동력이 될 것이다. 하워즈 엔드는 헨리와 마거릿, 헬렌과 레너드와 헬렌 사이의 아기, 그리고 루스의 죽음 후에 마치 마거릿을 받아들일 준비를 하듯 하워즈 엔드를 보살펴온 노파 에이브리(Miss Avery)의 후손인 어린 소년 톰(Tom) 모두를 품는다. 그러나 런던을 중심으로 움직임과 거대함의 물결은 하워즈 엔드 가까이까지 불길하게 밀려 오고 있다. 헨리의 뒤를 이어 아프리카로 떠났던 폴은 헬렌과 레너드의 아이가 하워즈 엔드의 상속자로 지정된 것에 불쾌감을 드러낸다. "들판에 있는 아이요? 아버지! 제가 원주민 애들까지 데려오면 온 땅을 차지할 수 있었겠네요."라는 폴의 대꾸는 제국주의자 헨리 윌콕스의 이면에 감춰져 있던 점잖지 못한 욕망과 비윤리성이 젊은 제국주의자 폴에게서 반복되고 있음을 시사한다. 은밀하게 외도를 하면서도 헨리는 겉으로 고상한 도덕성을 내세우며 부유하고 점잖은 영국 신사의 역할을 가장했던 데 비해, 폴은 쉽게 "영국식"을 벗어나 신사라는 허세를 부리려고도 하지 않는다. 하워즈 엔드가 넓은 토지가 딸린 대저택이 아닌 것을 아쉬워 하면서도 헨리는 그 오래된 시골 저택을 보수하고 살려내는 애착을 보였지만, 폴은 자신의 상속권이 침해를 받았다는 것에 대한 불만 이외에는 하워즈 엔드에 대한 아쉬움을 드러내지 않는다.

많은 영국 소설들처럼 『하워즈 엔드』는 결혼과 유산, 상속권을 둘러싼 플롯을 펼쳐 보인다. 표면적으로는 마거릿과 헨리의 결혼을 둘러싼 플롯을 전개하지만, 소설은 '누가 하워즈 엔드를 상속할 것인가?'라는 본질적인 질문을 제기한다. 전통적인 영국의 표상, 젠트리의 생활공간으로서의 하워즈 엔드는 영국의 중산층, 즉 신사 계급 내의 갈등이 표출되고 해소되는 공간이다. 계급적 유동성의 본산이자 그 폭이 넓은 중산층의 제일 위에는 제국주의자이며 사업가인 헨리 윌콕스 가 있고, 제일 아래에는 하급 사무원이면서도 신사 계층의 문화를 열망하는 레너드 바스트가 있다. 그리고 그 사이에는 물려받은 재산을 투자하여 생겨나는 수입에 의존하여 일하지 않고도 편안한 생활을 할 수 있는 슐레겔 자매가 있다. 마거릿과 헬렌의 자유로운 사고와 세련된 감수성은 헨리와 같은 신사 계층이 구축한 견고한 물질적 토대를 기반으로 한다. 헨리 윌콕스와 같은 사람들이 없었더라면 영국적인 문화가 발생하지 않았을 거라고 마거릿은 말한 바 있다. "윌콕스 씨 같은 사람이 영국에서 수천 년 동안 일하지 않았더라면, 너하고 나는 목숨을 부지하고 여기 앉아 있지도 못했을 거야. 기차도 없었을 테고, 문학적 인간들을 태워 나를 배도 없었을 테고, 어쩌면 밭조차 없었을지 몰라. 있는 거라곤 야만뿐이지." 마거릿이 영국 젠트리 계층의 견실한 토대를 쌓은 헨리에게로 손을 뻗는다면, 헬렌은 자유농민계층의 후손인 레너드에게로 향한다. 그러나 이러한 신사 계급간 구조와 유동성은 격렬한 갈등을 야기하고 결국 전통적인 권위의 상징인 칼이 내려쳐지고 고상한 교양의 지표인 서재의 책장이 엎어지면서, 레너드의 죽음을 포함한 혼란과 비극이 일어난다.

신사 계급과 그들의 문화를 둘러싼 혼란은 『하워즈 엔드』에서 가장 전형적인 신사의 요소를 갖춘 티비 슐레겔의 미비한 역할에서 암시된다. 중산층 지식인의 아들이자 상속받은 재산이 있는 티비는 신사의 산실인 옥스퍼드에 입학한다. 아름다움에 민감한 티비는 "웅장하고 유서 깊은 대학, 천 년 동안 서구 세계의 풍부한 지성을 흡수해 온 대학"에 매료되었지만, 티비에게 옥스퍼드는 추상적이고 미학적인 아름다움을 발산할 뿐이다. 옥스퍼드의 공허함은 그 안에서 "서로를 사랑하기보다 옥스퍼드를 더 사랑하라고" 가르치는 듯 하다. 신사 계급 안의 분열과 혼란을 수습하고 화합할 수 있는 열정과 이상을 배양하는 대신, "그의 옥스퍼드는 끝까지 텅 빈 옥스퍼드"였다. 전형적인 영국 신사의 요소를 갖춘 티비는 영국을 대변하는 하워즈 엔드에서의 삶에서 비껴 나고, 하워즈 엔드의 상속권은 기존의 계급 구조 안에 자리매김할 수 없는 어린 아이, 헬렌 슐레겔과 레너드 바스트 사이에서 태어난 아들에게로 귀속된다. 포스터는 영국의 미래를 신사 계급의 기존 층위에 포섭되지 않는 어린 소년에게 위탁함으로써 새로운 신사의 탄생을 기대하고 있는 듯 하다.

04

영국 문학의 아이콘: 영국 신사와 영국성

04

카이오 이시구로의 『지난날의 잔재』
신사와 집사

점잖은 사람들(polite people)과 영국성에 관한 신화

1989년 부커상 수상작인 카주오 이시구로(Kazuo Ishiguro)의 세 번째 소설 『지난날의 잔재』(*The Remains of the Day*)는 전형적인 한 영국인 집사의 삶을 그리면서 화려하고 장엄한 영국의 장원과 그 주변의 지극히 영국적인 전원 풍경으로 대변되는 고전적인 영국의 이미지를 재현하고 있다. 1993년 알란 보르다(Allan Vorda)와 킴 허징거(Kim Herzinger)와의 인터뷰에서 이시구로는 자신의 소설 속에 구현된 너무나도 영국적인 세계에 관해 이렇게 이야기한다.

> 이 작품을 통해 내가 시도하려던 것은 . . . 영국에 관한 특정한 신화를 재해석하는 것입니다. 당시 영국에는 그다지 멀지 않은 과거 속의 영국, 여러 정형화된 이미지에 부합하는 영국에 대한 강한 생각이 있었지요. 말하자면, 점잖은 사람들과 집사들이 사는 나른하고 아름다운 마을이 있고 사람들이 잔디밭에서 차를 마시는 영

국 . . . 신화적인 영국 . . . **영국보다 더 영국적인** 영국이지요. (14)

이시구로는 1954년 일본 나가사키에서 태어나 1960년에 가족과 더불어 영국으로 이주하여 1982년에야 영국인으로 귀화했다. 일본과 일본의 역사를 배경으로 하는 이시구로의 첫 두 소설은 이시구로의 상상력 속에 일본에 대한 강한 감정적 연대감이 담겨 있음을 보여준다. 이에 비해 이시구로의 세 번째 작품은 영국의 장려한 장원과 전형적인 영국 신사, 그리고 영국인 집사라는 문화적 규범이 일반 대중의 상상 속에 불러일으키는 이상적인 영국성을 형상화한다는 점에서 일본이라는 이국성과 연관되던 이시구로 비평에 새로운 방향을 제시했다고 할 수 있다. 그러나 이시구로의 대표작인 『지난날의 잔재』는 격변하는 역사의 회로에 매몰된 한 개인이 자신의 삶을 회고하는 과정에서 자신이 추종했던 과거의 지배 문화를 되돌아 보며 대의와 명분에 대한 맹목적인 헌신과 추종이 근간을 이룬 삶의 윤리적 정당성을 성찰한다는 점에서 앞선 두 소설의 주제 및 기법과 맞닿아 있다.

일본계 영국 작가인 이시구로의 시선에서 본 "영국보다 더 영국적인" 영국은 소설 속 달링턴 홀(Darlington Hall)과 그 소유주였던 달링턴 경(Lord Darlington), 그리고 헌신적인 집사 스티븐스(Stevens)로 형상화된다. 영국의 화려한 장원과 전형적인 영국 신사, 그리고 영국인 집사라는 문화적 아이콘은 일반 대중의 상상 속에 쉽게 떠올려지는 영국성의 아이콘이다. 이 점에서 『지난 날의 잔재』는 영국 전역에 있는 시골 대저택과 장원을 배경으로 신사 계층의 일상과 문화를 그리는 수많은 영국 소설의 전통에 기대고 있다. 오스틴의 소설에서, 포스터의 소설에서 유서 깊은 대저택의 소유권과 상속권이 늘 문제시되었듯이, 이시구로의 소설 또한 옥스퍼드셔에 위치한 달링턴 홀의 소유권을 화두로 제시한다. 달링턴 가문이 200년 넘게 소유해 왔던 저택의 새 주인은 뜻밖에도 영국적인 것에 심취한 미국인 부호 페러데이이다. 페러데이에게 달링턴 홀은 상상 속의 영국성을 직접 체험하는 공간이자 소유할 수 있는 상품이다. 달링턴 홀을 사들인 후 페러데이는 미국인 친구들에게 달링턴 홀과 스티븐스를 "진정한 영국의 옛 저택"과 "옛날 방식 그대로를 지켜온 진정한 영국인 집사"라고 자랑한다.

> 스티븐스, 이 저택은 유서 깊고 웅장한 진짜배기 영국 저택이오, 그렇지 않소? 내가 돈을 지불한 것도 그 때문이지. 그리고 자네도 진짜인 척하는 시중꾼들하고는 비교도 할 수 없는 전통적인 영국식 진짜배기 영국 집사이지. 틀림없는 진품이다 이거지. 그게 바로 내가 원했던 것이오. 그게 또 내가 지금 소유하고 있는 것이지, 안 그렇소? (124)

그림 5 더비셔에 위치한 채츠워스 하우스

출처: http://www.chatsworthcountryfair.co.uk

이렇듯 언뜻 보기에 낭만적으로 그려진 듯한 소설 속의 영국, 달링턴 홀로 대변되는 영국은 소설의 전체적인 구도의 설정에서부터 엄연히 존재하는 냉혹한 역사의 흐름과 정치 경제적인 변화를 담고 있다. 영국의 아늑한 시골에 위치한 유서 깊은 대저택을 배경으로 하고 있지만, 이시구로의 소설은 도입부부터 파격적이다. 이백 년 넘게 대저택을 유지했던 달링턴 가문은 달링턴 경의 죽음으로 이미 막을 내렸고, 달링턴 홀은 경매에 부쳐져 미국인 부호의 소유가 되었다. 달링턴 홀의 소유권 이전은 서구 현대 역사의 흐름을 반영한다. 달링턴 경의 죽음과 페러데이에게 매각된 달링턴 홀의 상황은 이차 대전 이후 새롭게 구축된 세계질서–대영제국의 와해와 초강대국으로서의 미국의 부상–을 상징적으로 보여준다. 팍스 아메리카(Pax America) 시대에 이미 막을 내린 팍스 브리타니카(Pax Britannica) 시대의 부와 권위를 상징하는 달링턴 홀을 지켜온 영국인 노집사의 이야기라는 소설의 설정은 무척 흥미롭다.

평생을 바쳐 신사 계층의 문화에 헌신해 온 나이든 영국인 집사의 회고라는 형식을 통해『지난날의 잔재』는 영국 신사와 영국인 집사라는 문화적 규범에 내재된 영국성을 살펴봄과 동시에 80년대 영국 문화의 한 단면, 즉 현재보다 항상 더 좋았던 것으로 기억되는 과거에 대한 강한 집착과 향수를 포착, 소설화한다. 소설 속에서 달링턴 홀의 현재 상황은, 비록 페러데이의 경외 속에, 그리고 스티븐스의 회상 속에 이상화되고 있지만, 진정한 예전 그대로의 영국성을 돌이킬 수 없음을 보여준다. 달링턴 홀은 달링턴 경의 생전처럼 영국 정치와 인류 문명의 핵심으로 기능하지 못한다. 저택의 반 이상은 쓰이지 않아 덮개로 덮여 있고 달링턴 홀의 사회, 경제적 위상도 서서히 하락해 심지어 달링턴 경의 생전에도 고용인의 수가 점차로 줄었던 터였다. 스티븐스 자신도 이제는 나이 들어 소소한 실수를 거듭하며 나무랄 데 없이 완벽한 집사로서의 자기 기대에 미치지 못한다. 게다가 예전의 근엄하고 권위적인 영국 귀족에 익숙해져 있던 스티븐스는 새 주인인 페러데이가 그를 대하는 미국적인 방식에 몹시 당혹스러워 한다. 이러한 소설의 구도는 비현실적으로 낭만화된 영국성을 역사의 무대로 이끌어 낸다. 아이러니하게도 스티븐스의 회상 속에 그려지는 "영국보다 더 영국적인" 영국에 대한 기억은 환상에 불과할 뿐이며, 소설의 내러티브는 스티븐스가 서서히 이를 자각하게 되는 과정을 추적한다.

신사 정장을 입은 집사

『지난날의 잔재』의 가장 파격적인 점은 이 소설이 영국 신사의 이야기라기보다는 신사의 시종에 관한 이야기라는 것이다. 영어로는 "gentleman's gentleman"으로 신사의 시중을 드는 집사를 지칭한다. 영어의 'gentleman'은 일반적으로 예의 바르고 교양 있는 신사부터 궁정 문화나 귀족 사회에서 귀족의 시중을 드는 시종을 칭하기도 하며, 중세 기사제도 하에서는 기사 아래의 신분을 칭하기도 한다. 스티븐스가 스스로와 연관시키는 'gentleman's gentleman'은 영어의 'gentleman'에 내포된 복잡한 신분 체계와 서로 다른 신분 간의 밀접한 상관성을 암시한다. 이 소설의 화자이자 주인공인 스티븐스는 달링턴 홀을 삼십 년 넘게 지켜온 노집사로 고상하고 품격 있는 신사를 섬겨 왔던 종복으로서의 자부심이 대단히 높은 인물이다. 『지난 날의 잔재』에서 스티븐스는 줄곧 "위대한 집사란 무엇인가?"라는 질문을 스스로 제기하고 이 질문에 천착한다. 이 질문에 대답하는 과정에서 스티븐스는 1920, 30년대에 일류급 집사들만으로 회원을 제한했던 "헤이즈 협회"가 제시한 기준을 떠올린다. 『젠틀맨의 젠틀맨』이라는 계간지에 헤이즈 협회는 "저명한 가문에 소속된 자"를 회원 가입 조건으로 하며 "사업가 집안이나 신흥 부유층 집안은 저명한 가문으로 간주하지 않는다."고 밝힌다. 스티븐스는 이러한 회원 기준을 "시대에 뒤떨어진 사고방식"이라고 치부하지만, 헤이즈 협회가 제시한 또 다른 요건, "지원자가 자신의 지위에 상응하는 품위를 갖추고 있어야 한다"는 요건에는 동의한다.

신사의 시종의 자격과 요건에 대한 이러한 논의는 흥미롭게도 '신사란 누구인가?'에 대한 논의가 영국 문화에서 전개되어 온 양상과 유사하다. 유서 깊고 명망 있는 가문과 혈통이 초기에 강조되었다면, 점차로 그 명망이 확고한 부와 재산으로 뒷받침되어야 한다고 여겨졌으며, 가문과 혈통 혹은 부와 재산이 뒷받침되더라도 교양과 품격, 즉 매너가 없다면 진정한 신사라고 여겨질 수 없다는 사회적 인식의 변화가 훌륭한 집사란 무엇인가를 고민하는 스티븐스에게서 발견된다. 이러한 스티븐스의 사고는 신사의 종복으로서의 그의 정체성과 가치관이 신사 계급의 문화와 밀접하다는 것을 드러낸다. 실제로 소설 속에서 스티븐스의 개인적인 삶의 굴곡은 그가 섬겼던 달링턴 경의 행적과 밀접한 관련이 있을 뿐만 아니라, 그가 천착하는 "품위를 갖춘 집사"라는 이상은 오직 달링턴 경과의 관계를 통해 구현된다.

1956년 여름, 페러데이의 권유로 스티븐스는 몇십 년 만에 처음으로 달링턴 홀을 떠나 육일간의 여행길에 오른다. 그는 달링턴 홀을 방문했던 손님들이 준 30년 전의 신사복을 여행가방에 담고 역시 30년대에 쓰여진 여행 안내서를 들고 "독일의 폭격으로 영국이 그다지 바뀌지는 않았으리라"는 믿음으로 길을 떠난다. 지체 높은 신사들에게 물려받은 신사복 차림에, 페러데이가 내준 포드 자동차를 타고 길을 나선 스티븐스의 모습은 이차 세계대전 후 급격한 사회 변화를 겪은 전후 영국 사회에서 보기 드문 과거의 소산이며 점점 사라져 가는 희귀한 직업의 표본이다. 게다가 맞춤 신사복과 고급 자동차, 대저택을 방문하는 신사숙녀들을 맞이하던 예의 바른 말투를 갖춘 스티븐스는 여행길에서 종종 지체 높은 신사로 오인되기도 할 뿐더러 그 자신이 굳이 이러한 오해를 풀려고 하지 않는다. 이 점에서 스티븐스는 시대착오적인 행색을 갖춘 인물일 뿐만 아니라, 외양과 실제가 일치하지 않는 우스꽝스러운 인물이다. 솔즈베리의 한 여관에서 스티븐스는 자신의 차림과 '달링턴 홀'이라는 주소지에 안주인이 당황한다며 짐짓 흐뭇해 한다. 여관 안주인이 자신을 "리츠나 도체스터 같은 호텔에 익숙한 신사"로 오해했을 거라고 생각한 것이다. 곧이어 스티븐스가 안내받은 방에 들어서자 마자 집사의 눈길로 꼼꼼하게 침대와 세면대가 청결한지를 훑어보는 장면은 스티븐스의 의도와는 상관없이 신사와 집사라는 신분이 그의 내면과 외면에 두서 없이 뒤섞여 있음을 암시한다.

스티븐스는 집사의 "위대함"이란 유창한 화술과 일반 교양에 있는 것이 아니라 어떤 상황에서도 "품위"를 잃지 않는 데에 있다고 믿는다. 그는 역시 집사였던 아버지가 들려준 전설적인 집사 이야기를 소개한다. 주인을 따라 인도로 간 한 집사가 식탁 밑에 자리잡은 야생 호랑이를 아무런 두려움도 드러내지 않은 채 사살한 후에 "식사는 평소와 같은 시간에 제공될 것입니다. 그리고 다행스럽게도 그때쯤이면 방금 있었던 사건의 흔적은 일절 남아 있지 않을 것입니다."라고 보고했다는 일화이다. 스티븐스는 이 전설적인 영국인 집사 일화를 진정한 집사의 필수요건인 "감정을 절제하는 능력"을 발휘한 사례로 제시한다. 또한 스티븐스는 자기 부친의 사례 또한 자랑스럽게 소개한다. 보어 전쟁에서 수치스럽게도 민간인 부락을 공격했던 장성의 지휘 아래 아들을 무의미하게 잃었음에도 불구하고, 부친이 미움과 증오라는 개인적인 감정을 억누르고 주인의 뜻을 살펴 집사 업무에 충직하게 그 장성의 시중을 듦으로써 부친이 진정한 집사라는 소명을 이루었다고 그는 평가한다.

스티븐스는 "진정한 집사는 오로지 영국에만 존재하며 진정한 집사는 영국인일 수밖에 없다"고 주장하며 영국의 산하에서만 발견되는 "절제된 아름다움"은 진정한 집사의 요건인 감정을 절제하는 능력과 일맥 상통한다고 본다.

> 위대한 집사들의 위대함은 자신의 전문 역할 속에서 살되 최선을 다해 사는 능력 때문이다. 그들은 제아무리 놀랍고 무섭고 성가신 외부 사건들 앞에서도 절대 흔들리지 않는다. 그들은 마치 점잖은 신사가 정장을 갖춰 입듯 자신의 프로 정신을 입고 다니며, 악한들이나 환경이 대중의 시선 앞에서 그 옷을 찢어 발기는 것을 결코 허용하지 않는다. 그가 그 옷을 벗을 때는 오직 본인의 의사가 그러할 때뿐이며, 그것은 어김없이 그가 완전히 혼자일 때이다. 이것이 바로 내가 말하는 '품위'의 요체이다.
>
> 진정한 의미의 집사가 존재하는 곳은 영국밖에 없으며 그 외

그림 6 P. G. 우드하우스(P. G. Wodehouse)의 영국 집사를 주인공으로 하는 유명한 소설 연작(1915~1974)

출처: http://www.curatormagazine.com/christian-curran/right-ho-wodehouse/jeeves/ :

의 나라들에는, 실제로 사용되는 호칭이 무엇이든, 오직 하인들만이 있을 뿐이라는 말을 이따금 듣게 된다. 나는 이 이야기가 진실이라고 믿는 편이다. 대륙 사람들은 감정을 절제하지 못하는 혈통들이기 때문에 집사가 될 수 없다. 오직 영국 민족만이 할 수 있다. (42-43)

위대한 집사들은 "마치 점잖은 신사가 정장을 갖춰 입듯" 자신의 프로 정신을 입고 다닌다는 스티븐스의 설명은 그의 위대한 집사론이 영국 신사라는 이상에 깊이 뿌리내리고 있음을 시사한다. 삼십 여 년 전 어느 귀족이 물려준 정장을 입고, 빈티지 포드 자동차를 타고 여행 중인 스티븐스는 문자 그대로 "마치 점잖은 신사가 정장을 갖춰 입은" 형색이다. 실제로 그는 모스콤에서 마을 사람들이 그를 "진품 신사"라고 오인할 때에도 오해를 풀기는 커녕 은연 중에 스스로 달링턴 경 행세를 한다. 진품 신사가 시골 작은 마을의 손님으로 왔다는 소문에 마을 사람들이 그가 묵는 곳에 몰려들고, 그에게 진정한 신사가 갖춰야 할 요건이 무엇이라고 생각하는지를 묻자, 스티븐스는 슬쩍 "품위"라고 대답한다. 위대한 집사론의 요체인 품위는 이제 진정한 신사의 요건이 된다. 스티븐스의 신사론과 품위론은 마을 사람과의 격론을 야기한다. 정치적 이슈에 관심이 많은 해리 스미스는 "품위는 신사들만의 전유물이 아니며", "노예 상태에서는 결코 품위를 갖출 수 없는" 법이라서 "자유시민으로 살 권리를 싸워 쟁취한" 영국인은 투표를 통해 "자신의 견해를 마음껏 표현"함으로써 누구나 "진정한 품위"를 갖출 수 있다고 열변을 토한다. 다소 머쓱해진 스티븐스는 자신도 모르게 자신이 윈스턴 처칠과 헬리펙스 경과 같은 거물급 정치인들과 귀족들과 안면이 있으며 이차대전 이전에는 국제 외교에 상당한 영향력을 미쳤음을 넌지시 시사한다. "처칠 씨뿐 아니라 미국, 유럽의 여러 위대한 지도자와 영향력 있는 인물들을 접해 왔다는 건 어쨌거나 대단한 행운이지요. 그리고 그런 분들 앞에서 당대의 중요한 이슈들을 논했다는 것도 큰 행운이 아니냐고 하신다면, 맞습니다. 지난 날을 생각하면 정말 감사함 같은 것을 느끼게 됩니다. 비록 작은 역할이나마 아무튼 세계를 무대로 활약하는 건 흔치 않은 특권이지요."

이 에피소드는 "마치 점잖은 신사가 정장을 갖춰 입듯" 집사는 프로 정신을 입고 다님으로써 품위를 지킨다는 스티븐스의 위대한 집사론에 내재한 모순과 위험을 유머러스하게 암시한다. 자신이 국제 외교에 관심을 두었던 것은 당시에 "세계 평화가 접으면 부서질 듯 위태로워 보였고 그래서 제 역할을 하리라 마음먹었던" 것이라고 한껏 자신을 내세우며 신사 행세를 하던 스티븐스는 마을 의사인 칼라일 박사가 합류할 거라는 이야기에 서둘러 자리를 뜨고 싶어 한다. 막상 칼라일 박사와 마주 앉게 된 스티븐스는 차분한 태도를 변함 없이 유지하려고 하지만, "본능적으로 튀어나오는 '선생님'이란 경칭을 억누르기가 쉽지 않아" 곤혹스러워 한다. 여태 스티븐스는 마을 사람들이 말끝마다 자신을 '선생님'(sir)이라고 부르는 것이 짐짓 자연스러운 척하고 있었다. 그러나 막상 신사 계층에 속한 칼라일 박사와 대화를 나누게 되자, 그는 평생 동안 집사로 일하면서 몸에 배어온 화법을 억누르기가 힘들어진 것이다. 마을 사람들이 칼라일에게 처칠이니 헬리팩스 경이니 외교 문제에 관여했다는 등 그에 대한 소개를 늘어 놓는 동안 스티븐스는 자신을 찬찬히 뜯어보는 듯한 칼라일의 시선에 내심 좌불안석이다. 적당하다 싶은 때에 자리를 뜨려고 스티븐스가 일어나자, "황송하게도 칼라일 박사를 비롯해 좌중의 모든 사람들이 자리에서 일어"서고 스티븐스는 간신히 "피난처와도 같은" 자신의 방으로 돌아온다.

모스콤에서의 에피소드는 스티븐스가 신사 계층으로부터 단순히 옷과 자동차, 말투만을 물려받아 입은 것이 아니라는 점을 시사한다. 스티븐스는 달링턴 경으로 대변되는 신사 계층의 문화와 규범, 지배 논리를 자신의 것으로 받아들여 수용하는 데 적극적이었음을 보여준다. 그가 제시한 위대한 집사의 사례들, 즉 인도에서 호랑이를 사살한 경우와 남아프리카 수탈과 보어 전쟁과 관련된 장성의 시중을 들은 경우는 표면적으로 "신사가 정장을 갖춰 입듯" 품위를 지킨 사례, 즉 감정을 절제하여 품위를 지킨 집사를 거론한다. 그러나 이러한 사례들은 집사의 위대함과 품위가 실제로는 빅토리아 조 신사의 권위, 즉 제국주의적 지배원리로서의 영국성을 수용하고 이행하는 기제이며 영국의 식민지 수탈 역사에 일조하고 있음을 은연중에 드러낸다.

위대한 집사, 아마추어 신사

스티븐스는 회고를 통해 그 자신도 애써 분투하여 품위를 지닌 위대한 집사의 소명을 다했음을 밝히고자 한다. 그는 먼저 주인이었던 달링턴 경이 "진정으로 훌륭한 사람, 신사 중의 신사"이며, "도덕적 의무에 대한 깊은 자각"을 가지고 있는 신사임을 믿어 의심치 않는다. 달링턴 경의 도덕적 고결함을 믿었던 스티븐스의 기억 속에 달링턴 경은 이차대전 발발 후 대중에게 알려졌듯이 부도덕한 나치의 협력자가 아니다. 달링턴 경은 유럽의 평화 유지라는 숭고한 목표를 이루기 위해 한때 적군이었던 독일과도 친화적인 외교를 도모했던 진정한 영국의 신사이다. 스티븐스는 진정한 영국의 신사였던 달링턴 경을 통해 그 자신도 올바른 역사의 흐름에 기여했다고 믿는다. 명예를 중시하여 패배한 적을 공명정대(fair play)하게 대해야 한다는 신념을 지닌 달링턴 경은 일차 세계 대전 이후 유럽 내의 질서를 재건한 베르사이유 조약이 패전국 독일에게 취해진 비신사적인 협정이라 믿으며 독일에 대한 프랑스의 보복적인 태도를 "야만적"이라 비판한다. 달링턴 경은 패전국을 도와 베르사이유 조약의 가혹한 조항들을 수정할 방안을 논의할 비공식적 국제 회담을 개최하는 것이야말로 모두 유럽 내 평화와 정의라는 도덕적 이상을 실현하는 것이며 동시에 영국 신사의 도덕적 우월성과 이에 근거한 영국의 국제적 지도력을 행사하는 것이라고 믿고 있다.

그러나 달링턴 경은 고의적으로 프랑스인 듀퐁(Dupont)이 독일인이나 이탈리아인들보다 달링턴 홀에 늦게 도착하도록 일정을 조정한다. 프랑스의 입장을 고립시켜 회담을 자신이 원하는 방향으로 진행하고자 한 것이다. 그의 국제 회담 방식으로 인해 달링턴 홀은 그 스스로 공명정대함이라는 신사의 규범을 어기는 장이 되며 또한 스티븐스에게는 부지불식간에 달링턴 경의 나치 협력에 공모하는 장이 된다. 스티븐스의 회고담은 그가 주저 없이 "최고 시절의 영국"이라 불렀던 달링턴 홀과 달링턴 경의 도덕적 고결함의 결실인 회담이 비밀스럽고 은밀하게 진행되었음을 드러낸다. "평범한 사교 행사의 모양새를 유지"하고자 응접실을 무대로 한 국제 회담은 스티븐스가 보기에도 "우스꽝스러울 정도로 격식에서 벗어난 모양새"였으며, 스티븐스 자신도 듀퐁과 미국 상원의원 루이스의 대화를 엿듣고 달링턴 경에게 고하는 밀정의 역할을 거리낌없이 수행한다.

더욱이 달링턴 경으로 형상화된 영국 신사라는 규범은 미국적 자본주의가 헤게모니를 쥐는 20세기에는 국제 정치의 현실을 직시하지 못하는 시대착오적인 아마추어에 불과하다. 회담의 마지막 날 미국인 루이스는 달링턴 경을 고전적인 영국 신사라고 칭하며 고지식한 영국 신사가 주도하는 국제정치는 이미 막을 내렸음을 선언한다.

> 그는 신사입니다… 집고전적인 영국 신사. 점잖고 정직하며 우호적이지요. 그러나 그는 **아마추어**입니다… 그리고 오늘날의 국제 정세는 더 이상 아마추어 신사들에게 적합하지 않습니다. 이곳 유럽의 여러분들이 이 사실을 더 빨리 깨달을수록 더 나을 겁니다. 점잖고 우호적인 여러분 모두에게 한번 물어보겠습니다. 여러분 주변의 세계가 어떻게 변해 가고 있는지 아십니까? 여러분들이 여러분의 고결한 본능에 따라 행동할 수 있는 시절은 지났습니다… 여러분의 훌륭한 주최자와 같은 신사들은 자신들이 이해하지 못하는 문제에 참견하는 것이 자신들의 몫이라고 여전히 믿고 있습니다… 여기 유럽에 있는 여러분들에게는 여러분의 문제를 관장할 전문가들이 필요합니다. 일찍 이 점을 깨닫지 못한다면 여러분은 재난으로 향하게 될 겁니다. (102)

영국의 세계 패권이 곧 미국으로 양도되리라는 이 미국 상원의원의 말은 달링턴 경의 죽음 후 달링턴 홀이 부유한 미국인에게 매각됨으로써 상징적으로 실현된다. 그러나 달링턴 경은 루이스가 폄하한 "아마추어리즘"은 "신사의 명예"라고 불리우는 고결한 것이며, "탐욕과 이익"보다 "선과 정의의 승리를 희구"하는 것이라고 응수하여 열렬한 환성과 박수를 받는다. 이 회담의 여파로 달링턴 경은 히틀러의 외교사절인 리벤트로프와 밀접한 관계를 맺게 되고 뉘른베르크 전당대회 무렵 독일인들이 주최한 연회를 참석하기도 하는 등의 행보로 이어진다. 훗날 나치의 협력자이자 꼭두각시라는 불명예를 안게 되는 점을 고려할 때, 고결한 아마추어이길 선호하여 20세기 국제 정치를 빅토리아 조 신사의 지도력을 펼칠 장으로 보는 달링턴 경은 분명 현실 인식에 어두운 시대 착오적인 인물이다.

게다가 스티븐스의 회고는 달링턴 경으로 대변되는 영국 신사라는 문화적 규범은 본질적으로 엘리트주의적이며 인종차별적인 것임을 드러낸다. 이는 도덕적 우월성을 강조하는 달링턴 경이 독일과 이탈리아의 나치 독재와 파시스트 정권을 추종하며 여성 참정권과 국민의 투표권으로 실현되는 민주주의를 불신하는 데서 여실히 드러난다. 또한 달링턴 홀에서 충직하게 일해 오던 두 명의 하녀를 유태인이라는 이유로 해고하는 사건에서 드러나는 그의 반유태주의는 영국 신사라는 문화적 규범을 통해 창출되는 영국성이 폐쇄적 민족주의와 배타적인 인종주의에 근거함을 암시한다. 달링턴 경을 이상화하고 영국 신사의 도덕적 고결함을 통해 자신의 삶이 위대함에 근접할 수 있다고 믿었던 스티븐스는 기억의 어지러운 미로를 헤쳐 나오면서 스스로 들여다 보고 싶지 않은 기억의 편린들을 발견한다. 달링턴 홀의 가정부 켄턴은 유태인이라는 이유로 오랫동안 일해 왔던 두 하녀를 해고하는 일에 대해 격하게 항의한다. "루스와 사라를 해고한다는 것이 '잘못됐다'는 생각도 안 드나요, 스티븐스 씨? 전 그런 일에 찬성할 수 없어요."라는 켄턴의 말에 스티븐스는 "켄턴 양, 당신은 그처럼 차원 높고 중대한 문제를 가볍게 판단해 버릴 위치에 있지 않다고 지적해 주고 싶소. 오늘날의 세상이 대단히 복잡하고 불안한 것은 사실이오. 당신이나 나의 위치에서는 이해하지 못할 일들이 수두룩해요. 유대 민족의 본질 같은 것도 그중 하나이고, 반면에 우리 나리는 무엇이 최선인지를 판단하실 수 있는 좀 더 나은 위치에 계신다고 감히 말하고 싶소."라고 대답한다. 스티븐스의 회고담은 그가 달링턴 경의 도덕적 우월성과 지배 논리에 한 번도 의문을 제기하지 않았음을 보여준다.

스티븐스의 위대한 집사론은 단적으로 "신사가 정장을 갖춰 입듯" 신사의 이데올로기를 빌려 입고, 신사의 권위를 추호도 의심하지 않고 신사에게 헌신함으로써 품위 있는 집사가 될 수 있다는 것이다. 스티븐스의 위대한 집사론은 결과적으로 개인적인 감정과 욕망에 억압적이다. 스티븐스는 1923년의 국제회담을 자신이 집사로서 위대함을 성취한 분수령이라고 회고한다. 이 회담을 계기로 그는 신사의 문화에 헌신하기 위해 자신의 삶의 다른 면모들, 예컨대 아들로서 혹은 연인으로서의 역할과 감정을 철저하게 억제했기 때문이다. 전성기에 위대한 집사에 이르렀던 부친이 달링턴 홀에 부집사로 부임하게 된 이후로 스티븐스는 부친과의 관계를 깎듯이 직무 논의에만 국한시켰을 뿐 아니라, 서서히 노쇠해 가는 부친을 달링턴 홀의 "순조로운 가사 운영을 항시 위협하는 존재"로 규정한다. 마지막 순간까지 보조 집사의 직무에 충실하던 부친이 뇌졸중으로 쓰러져 임종을 맞는 순간에도 스티븐스는 국제회담이 진행되는 동안 달링턴 경의 손발이 되어 활약한다. 마치 죽음이 임박한 것을 느낀 듯 평소 과묵하고 무뚝뚝하던 부친이 "나는 네가 자랑스럽다. 좋은 아들이야. 나도 네게 좋은 아버지였기를 바란다만, 그렇지 못했던 것 같구나."라고 힘겹게 말을 꺼냈을 때, 스티븐스는 "죄송하지만 지금 우리는 무척 바쁩니다. 아침에 다시 이야기하시지요."라고 대답하고는 발에 물집이 생겼다고 소동을 피우는 프랑스 대사의 시중을 들러 황급히 자리를 뜬다. 만찬 시중을 완벽하게 들었다고 칭찬 세례를 받았던 그날 저녁을 떠올리며 스티븐스는 "가슴 아픈 기억들에도 불구하고" 자신이 집사로서의 위대함에 도달했다는 "뿌듯한 성취감"을 느꼈노라고 자부한다.

잃어버린 로맨스

『지난 날의 잔재』에서 화자인 스티븐스는 현재와 과거를 넘나들며 이야기를 풀어낸다. 기억의 저편에 묻혀 있는 과거의 이야기는 여행길에서 스티븐스가 소소하게 겪는 사건들로 촉발되어 현재의 서사로 들어온다. 스티븐스가 회고하는 과거의 삶은 물론 달링턴 홀을 중심으로 한다. 새로운 여행길에서도 스티븐스는 과거를 돌이켜 보며 줄곧 달링턴 경을 진정한 영국 신사의 고결함을 지닌 인물로, 그리고 그를 헌신적으로 섬겼던 자신의 과거를 이상화한다. 그러나 소설을 끌어가는 주요 서사는 그와 달링턴 경의 관계가 아니라, 달링턴 홀의 가정부 켄턴과의 로맨스이다. 소설의 도입부에서 스티븐스는 달링턴 홀을 떠난 지 오랜 옛 가정부 캔턴을 찾아 여행길에 오른다. 표면적으로는 "웅장하고 유서 깊은 영국 저택에 손색이 없는" 직원을 모집하라는 새 주인 페러데이의 요구에 부응하여 달링턴 홀에 "무한한 애정을 가졌을 뿐 아니라 타의 모범이 될 만한, 요즘에는 찾아보기 힘들 정도의 프로 정신을 갖춘 켄턴 양이야말로 달링턴 홀의 완벽하게 만족스러운 인력 관리안을 완성하는 데 꼭 필요한 요소"라는 믿음 하에 스티븐스는 여행 계획을 짠다. "속내를 쉽게 드러내지 않는 긴 문구들로 채워진" 켄턴의 편지를 읽고 또 읽으며 그녀가 달링턴 홀에 복귀할 의사가 있는지 확인하고자 떠난 여행은 콘월의 웨이무스에서 켄턴과 재회하면서 끝난다. 몇십 년 만에 지유롭게 달링턴 홀을 떠나는 여행을 계획하면서 스티븐스는 이 여행을 집사로서의 직무와 굳이 연관시킨다. 그러나 그가 이 여행에 그 이상의 의미를 두는 것은 처음부터 분명하게 드러난다.

> 나는 도로 안내서를 연구하는 데도 적지 않은 시간을 바쳤다. 제인 시먼스 부인이 쓴 『영국의 명승지』 시리즈 중 내 여행과 관련된 책들도 꼼꼼하게 읽었다. 여러분이 혹시 모두 일곱 권으로 된 연작으로 영국 제도 내의 지역들을 한 권에 하나씩 집약해 놓은 시먼스 부인의 책들을 잘 모른다면 적극 추천하는 바이다. 1930년대에 쓰인 책들인데도 내용의 상당 부분이 여전히 시대에 뒤처지지 않는다. 독일군의 폭격을 겪었다고는 하지만, 그 때문에 우리 산천이 몰라보게 변했을 것 같지는 않다는 것이 내 생각이다. 사실 시먼스 부인은 전쟁이 터지기 전까지만 해도 이 댁에 자주 드나들던 손님이었다. 게다가 망설임 없이 자상하게 감사를 표하는 분이어서 직원들 사이에서 최고 인기를 누리는 손님 중 한 분이기도 했다. 자연히 나는 그 숙녀분을 존경하게 되었고, 자투리 시간이 날 때마다 서재에 가서 그분의 책들을 정독하게 된 것도 바로 그 시절이다. 돌이켜 보면 켄턴 양이 1936년에 나는 가 본 적도 없는 콘월로 떠나 버린 직후, 나는 시먼스 부인의 연작 중에서도 제3권을 자주 들여다 보곤 했다. 데번과 콘월에서 만끽할 수 있는 즐거움들을 독자들에게 소

개해 놓은 책인데, 그 지역을 담은 각종 사진은 물론 나에게는 더욱 생생한 느낌을 주었던 다양한 스케치가 완벽하게 곁들여져 있었다. 그 덕에 나는 켄턴 양이 이곳을 떠나 결혼 생활을 누리러 간 지역에 대해 약간이나마 상식을 얻을 수 있었다. 그러나 앞서도 말했듯이 그것은 시먼스 부인의 책들이 이 나라 각지의 가정들에서 칭송되던 (나는 그렇게 알고 있다.) 1930년대의 이야기일 뿐, 그 후 오랜 세월 나는 그 책들을 들여다보지 않았다. 그러다 이번에 사태가 이렇게 전개되는 바람에 데번과 콘월을 다룬 그 책을 선반에서 다시 한 번 끄집어 내게 된 것이다. 나는 거기에 수록된 저 놀라운 설명과 삽화들을 거듭거듭 탐독했다. 책에 나오는 곳에 내가 직접 차를 몰고 둘러보게 될지도 모른다고 생각하니 부풀어 오르는 흥분을 억누르기 힘들었다. 여러분도 내 심정을 이해할 수 있을 것이다. (11-12)

다소 긴 이 인용문은 스티븐스가 구사하는 언어적 특질을 잘 드러낸다. 스티븐스의 회고담 전체는 기억의 켜켜를 이리저리 펼쳐보이고 접으면서 때로는 자신이 드러내고 싶은 기억만을 부각시키기도 하고 때로는 자신이 의도하지 않았던 속내를 내보이기도 한다. 여기 인용한 구문에서 스티븐스는 분명 콘월로의 여행에 대한 기대에 가득 차서 "부풀어 오르는 흥분을 억누르기 힘들다."고 고백한다. 앞서 스티븐스는 자신의 여행이 순전히 달링턴 홀에 적합한 가정부를 다시 고용하는 업무에서 비롯된 것임을 강조한 바 있다. 그러나 "켄턴 양이 1936년에 나는 가 본 적도 없는 콘월로 떠나 버린 직후, 나는 시먼스 부인의 연작 중에서도 (데번과 콘월을 소개한) 제3권을 자주 들여다보곤 했다"는 회고는 켄턴이 결혼과 더불어 달링턴 홀을 떠난 직후에, 그리고 한동안 그가 느꼈을 외로움과 아쉬움을 은연 중에 드러낸다. 그렇지만 스티븐스는 절대로 자신의 본심을 그대로 내색하지는 않는다. 콘월 지방을 소개한 여행서를 "자투리 시간이 날 때마다 서재에 가서 정독하게 된 것"은 저자인 시먼스 부인이 나무랄 데 없는 훌륭한 분이어서 "자연히 그 숙녀분을 존경하게 되었"기 때문이라고 스티븐스는 말한다. 오랫 동안 펼쳐보지 않던 책을 지금 다시 꺼내 "거듭거듭 탐독"하는 스티븐스의 마음과 억누르기 힘들 정도로 "부풀어 오르는 흥분"이 무엇에 기인하는가를 독자가 미루어 짐작하기는 어렵지 않다.

정작 스티븐스 자신은 그 스스로의 속내를 마주하지 않는다. 여행길에서 스티븐스는 새벽에 잠이 깨자 마자 "머릿속으로 켄턴 양의 편지 구절들을 다시 읽는"다. 그는 이미 결혼한 그녀를 굳이 켄턴 양이라고 부르며, 그녀의 결혼이 "안타깝게도" 파국지경에 이르렀음이 분명하다고 짐작한다. "그녀가 복귀 의사를 뚜렷이 밝힌 대목은" 편지 어디에도 없지만 "달링턴 홀로 되돌아온다는 생각이 그녀에게 얼마나 큰 위안이 되었을지" 짐작하기란 어렵지 않다고 그는 강조한다. 스티븐스는 켄턴의 편지를 거듭거듭 읽지만,

정작 그녀의 내심을 읽기보다는 오히려 자신의 바람, 즉 그녀가 오래 전에 내렸던 결정을 회한에 차서 후회하고 달링턴 홀로 돌아오기를 희구하는 자신의 바람을 투사할 뿐이다. 그러고서는 그녀가 달링턴 홀로 돌아오기를 바라는 자신의 마음은 여전히 "현재 달링턴 홀의 직원들을 에워싸고 있는 문제에 완벽한 해결책이 되어 주리라는" 기대 때문일 뿐이라고 못박는다.

켄턴의 편지를 머릿속으로 되뇌이면서 스티븐스는 그녀와 관련된 기억을 하나씩 열어 보인다. 그것은 애틋함과 망설임, 드러냄과 숨김, 어색함과 긴장 등 남녀간의 연애에 수반되는 여러 가지 결의 감정을 수반하지만, 스티븐스는 과거에나 지금이나 달링턴 홀의 집사와 가정부라는 신분을 내세운다. 그는 켄턴이 그의 집무실이 어둡고 눅눅한 것을 안타까워 하며 큼직한 꽃병을 들고 왔을 때를 기억한다. "바깥에는 저렇게 햇빛이 환한데 이 공간은 너무나 어둡고 추워 보여 정말 안타까웠어요, 스티븐스 씨. 이런 거라도 갖다 놓으면 분위기에도 생기가 좀 돌지 않을까 생각했죠."라고 켄턴이 말을 건넸을 때, 스티븐스는 자신이 엄격하게 그녀의 호의를 거절했음을 자랑스럽게 돌이켜 본다. "친절은 감사하오. 하지만 여긴 여가를 즐기는 방이 아니오. 난 방해물을 최소한으로 줄이는 게 좋소."라고 무뚝뚝하게 대꾸한 후 켄턴의 업무 수행에서의 오류를 꼬집어 지적했다는 것이다. 스티븐스는 켄턴이 꽃병을 들고 자신의 집무실을 수시로 들락거리는 상황을 허용하지 않음으로써, 켄턴과 자신이 오랜 세월 업무 차원에서 훌륭한 관계를 다져왔음을 거듭 강조한다. 그는 "집사의 집무실이란 중추적 사무 공간이자 가사 운영의 심장부로서 전쟁을 수행 중인 사령관의 본부와 크게 다르지 않다."는 믿음을 고수했기 때문이다. 그러면서도 스티븐스는 공들여 일을 가르친 젊은 하녀 리사가 남자 하인과 야반도주하며 남긴 편지를 쥐고 낙담하던 켄턴을 떠올린다. 아마도 서로 사랑하니 결혼하려 떠난다는 내용의 편지에 담긴 사랑과 결혼에 대한 무모한 열정은 켄턴으로서는 내심 품고 있으나 실제로 행하지 못할 열정이었을 것이다. 리사가 남긴 편지를 앞에 두고 무연히 아무 말도 없이 마주 앉아 있던 그 순간이 왜 뇌리에 또렷한지 스티븐스는 자각하지 못한다.

켄턴에 대한 기억의 파편들을 더듬으면서 스티븐스는 그의 뇌리에 또렷이 남아 있는 또 다른 기억을 떠올린다. 그가 집무실에 책을 읽고 있을 때 켄턴이 "거침 없이" 들어왔을 때였다. 켄턴이 그가 읽고 있던 책이 혹여 "난삽한" 책이 아니냐며 놀리듯 다가오자 스티븐스는 "책을 품에 안은 채 몇 걸음 뒤로 물러나기에" 이른다.

> 다음 순간 그녀는 내 코 앞에 서 있었는데, 그때 갑자기 분위기가 야릇해졌다. 마치 우리 두 사람이 완전히 다른 어떤 차원으로

던져진 것 같았다. 무슨 뜻인지 정확하게 설명하기는 아무래도 힘들 것 같다. 나로서는 다만 우리를 둘러싼 모든 것이 느닷없이 깊은 정적으로 바뀌었고, 내가 받은 인상으로는 켄턴 양의 태도 역시 급격히 변했으며, 그녀의 표정에 담긴 기묘한 진지함 때문에 마치 겁먹은 사람처럼 보였다고 밖에는 말할 수 없다.

"제발 스티븐스 씨, 그 책을 보여주세요."

그녀가 손을 내밀더니 내 손아귀에서 가만가만 책을 빼내기 시작했다. 그녀가 그러고 있는 동안 나는 외면하고 있는 게 좋겠다고 판단했지만 그녀가 워낙 바짝 붙어 있어, 고개를 다소 부자연스러운 각도로 비튼 후에야 시선을 돌릴 수 있었다. 켄턴 양은 아주 천천히, 내 손가락을 한 번에 하나씩 풀어 내며 책을 차지해 가고 있었다. 그 과정이 내겐 아주 긴 시간처럼 느껴졌는데, 그동안에도 나는 어렵사리 그 자세를 계속 유지하고 있었다. (167)

자신의 감정을 그대로 드러내는 법이 없거니와, 자신이 느끼는 감정 자체를 정확하게 자각하기를 회피하는 스티븐스이지만, 이 장면에서만은 에로틱한 긴장이 고조되어 있음을 시인한다. 그 "야릇한" 분위기가 무엇인지 헤아려 보려는 그의 시도는 진지하고, 그런 만큼 그도 예민하고 경직되어 있다. 스티븐스와 켄턴은 모두 서로의 몸이 가까이에 있음을 불현듯 느끼고, 켄턴이 손을 뻗자 스티븐스는 어색하게 얼어붙는다. 그들 사이의 긴장은 스티븐스가 읽고 있던 책이 "감상적인 연애소설"임이 확인되고 일단락 된다. 스티븐스는 곧 본연의 모습으로 돌아와 그 사건을 구구절절 설명하기 시작한다. 서재에 꽂힌 무수히 많은 책 가운데 "감상적인 연애 소설", 즉 "사랑에 빠진 신사 숙녀들이 흔히 지극히 품위 있는 어법으로 서로에게 자기 감정을 표현하는 이야기"들을 "정독"하는 것은 집사가 지녀야 할 바람직한 자질인 "훌륭한 악센트와 어휘 구사력"을 "힘닿는 데까지 발전시키는" 방법이라는 것이다. 스티븐스는 "이런 연애 소설들을 처음부터 끝까지 읽어 볼 시간도 욕구도 별로 없었지만, 내가 아는 한 한결같이 황당한, 그리고 과연 감상적인 줄거리였기 때문에, 앞서 말한 이점들이 없었다면 단 한순간도 그런 책들에 낭비하지 않았을 것이다."라고 단언한다.

이십 여 년의 세월 동안 기억의 한켠으로 밀어두었던 과거를 회고하면서, 스티븐스는 점차로 파편적인 기억의 조각들을 이어 붙인다. 그는 "감상적인 연애 소설" 사건 직후의, 파편적인 기억이라기보다는 "그 오랜 세월 생생하게 남아 있는 한순간이라고 하는 것이 좋을 옛 모습"을 떠올린다.

> 뒤편 복도, 켄턴 양의 집무실, 닫힌 문 앞에 홀로 서 있는 내 모습이 바로 그것이다. 정확히 말하자면 그때 나는 몸을 반쯤 튼 채,

노크를 할까 말까 망설이며 꼼짝 않고 서 있었다. 내 기억에 따르면 그때 나는, 켄턴 양이 바로 저 문 뒤에서, 내게서 불과 몇 미터 거리에서 엉엉 울고 있으리라 확신한 나머지 충격을 받은 상태였다. 좀 전에도 말했듯, 그 순간이 내 마음에 깊이 새겨졌을 뿐 아니라 그렇게 서 있는 동안 내 마음에 일었던 독특한 감정의 기억까지 함께 각인되었다. (212)

스스로도 혼란스러운 기억의 결을 더듬어 올라가자 그 장면은 스티븐스가 위대한 집사로서의 열망과 켄턴에 대한 사랑 사이에서 갈피를 잡지 못하고 서성이던 순간이었던 것으로 드러난다. 유럽의 정세가 파국으로 치달아감에 따라 달링턴 경이 은밀하게 영국의 총리와 외무 장관, 그리고 독일 대사인 리벤트로프를 달링턴 홀로 초청하여 비밀회담을 진행하는 와중에, 달링턴 경의 대자인 카디널은 히틀러의 꼭두각시로 전락하고 있는 달링턴 경을 막고자 예고도 없이 방문하여 달링턴 홀의 긴장감을 높인다. 카디널은 "신사 중의 신사"인 달링턴 경이 히틀러가 판 "수렁에 빠져" "조정당하고" 있다고 경고하지만, 스티븐스는 언제나처럼 달링턴 경의 "훌륭한 판단을 전적으로 신뢰"한다는 원칙을 고수할 뿐이다. 달링턴 경이 현재 낭떠러지를 걷고 있듯 위태로운 지경에 있다는 경고를 들은 스티븐스에게 켄턴은 자신이 청혼을 받았다는 사실과 그 청혼을 수락했음을 알려 준다. 카디널의 진정어린 탄원과 켄턴의 눈물기 어린 서성임을 마주하고도 스티븐스는 "위층에서 아주 중대한 일이 진행되고 있어서 한담을 나눌 형편이 아니라며" 물러난다. 감정에 서툰 스티븐스에게 "독특한 감정의 기억과 함께" 그의 마음속에 생생하게 각인된 그 문제의 장면은 바로 이때의 것으로 응접실의 부름에 응하다 말고 켄턴의 집무실 앞에 서 있던 순간이다.

위 장면에서 스티븐스는 응접실에서 근엄한 표정으로 시가를 피우고 있던 저명한 신사들을 위한 포도주를 쟁반에 받쳐 들고 주방으로 이어지는 어두컴컴한 복도를 지나가다가 혼자 멈춰 서 있다. 실제로 울음소리를 전혀 듣지는 못했지만, 스티븐스는 문 안쪽에서 켄턴이 눈물에 젖어 있으리라는 확신에 사로잡힌다. 그 몇 초의 시간 동안 스티븐스는 무슨 생각을 했을까? 카디널의 경고에 따르면 달링턴 경을 추종하는 것은 히틀러의 조력자가 되는 길일 것이다. 그리고 다른 남자의 청혼을 수락한 켄턴은 곧 달링턴 홀을 떠나게 될 것이다. 들리지 않는 켄턴의 울음 소리에 귀기울이며 스티븐스는 그녀의 방 앞에서 서성인다. 자신이 떠난다는 소식에 사무적으로 축하와 함께 후속 조치만을 언급한 스티븐스에게 섭섭함을 비쳐 보이며 기묘하게 행동하던 켄턴의 마음을 스티븐스는 마침내 헤아린 것일까? 그 울음소리는 스티븐스 자신의 내면에서 솟구친 것은 아닐까? 그러나 스티븐스는 곧 상념을 접고, 켄턴의 방문을 두드리는 대신 "이 나라 최고의 신사들을 시중 들기 위해 한시바삐" 위층으로 올라간다.

하인의 영역인 아래층을 떠나 신사의 영역인 위층으로 올라 갔지만, 스티븐스의 자리는 위층도 아래층도 아닌, 아무 곳도 아닌 지점이다. 응접실에서 물러나 스티븐스는 홀을 가로질러 아치 아래 우두커니 서 있다. 응접실에서의 밀담이 파할 때까지 그가 할 일은 더 이상 없었고, 그는 그 자리를 떠나지 않았다. 스티븐스는 그의 로맨스를 찾을 마지막 기회를 저버리고, 신사들의 세계 밖에서 그들이 불러주기를 기다리며 서 있다. 처음에는 울적한 마음이었지만, 차츰 그는 "아주 깊은 승리감"이 솟구치는 것을 느꼈노라고 회고한다. 홀 건너편 그를 물린 응접실에서 "유럽 최고의 실력자들이 우리 대륙의 운명을 논"하고 있었고, 그 자신은 "직위에 상응하는 품위"를 지켜 내면서 "세상의 저 위대한 중심축에 거의 도달했다."고 스티븐스는 자부한다.

이렇게 스티븐스는 달링턴 경의 도덕적 우월성을 절대적으로 신뢰하여 그 지배 규범을 실행하는 손발이 되고자 아버지와 아들로서 친밀감을 확인하거나 켄튼과의 로맨스를 추구하는 것과 같은 개인적인 삶을 살 수 있는 기회를 기꺼이 버리고 오히려 이러한 희생을 감내하면서 집사로서의 직무에 충실했을 때 자신의 삶의 의미를 확인한다. 여행 초반 스티븐스는 달링턴 홀에서의 자신의 삶을 자부심과 만족감을 가지고 회고하지만, 여행이 진행될

수록 자신의 헌신적인 삶을 통해 결국 자신은 나치 추종자의 공범이자 배타적이고 엘리트주의적인 지배 규범의 하수인이 되었을 뿐임을 깨닫게 된다. 한동안 스티븐스는 이러한 사실을 인정하지 않으려 스스로를 기만하기도 하지만 여행 마지막 날 바닷가의 한 부두에서 처음 만난 낯선 이 앞에서 달링턴 경에 대한 자신의 맹목적인 신뢰가 낳은 공허한 삶에 대하여 털어 놓는다.

> 달링턴 나리는 나쁜 분이 아니셨어요. 그런 분이 전혀 아니었습니다. 그리고 그분에게는 생을 마감하면서 당신께서 실수했다고 말씀하실 수 있는 특권이라도 있었지요. 나리는 용기 있는 분이셨어요. 인생에서 어떤 길을 택하셨고 그것이 잘못된 길로 판명되긴 했지만 최소한 그 길을 택했노라는 말씀은 하실 수 있습니다. 나로 말하자면 그런 말조차 할 수가 없어요. 보세요. 난 '믿었어요', 나리의 지혜를. 그 긴 세월 그분을 모셔 오면서 내가 뭔가 가치 있는 일을 하고 있다고 믿었지요. 나는 실수를 저질렀다는 말조차 할 수 없습니다. 여기에 정녕 무슨 품위가 있다는 말인가 하고 나는 자문하지 않을 수 없어요. (243)

그렇게 스티븐스는 진정한 집사라면 꼭 갖추어야 할 자질이라 그 자신이 규정했던 감정의 절제와 억제라는 원칙을 스스로 깨트리며, 전직 집사였다는 낯선 이에게 자신의 삶에 대한 비애를 토로한다. 그리고 현재 자신은 달링턴 홀이 페러데이에게 매각될 때 달링턴 홀이 상징하는 과거 영국성의 살아있는 증인으로 달링턴 홀에 남게 되었음도 씁쓸하게 고백한다.

젠틀맨의 젠틀맨, 즉 신사의 시종으로 완벽한 영국인 집사이고자 했던 스티븐스는 육일간의 짧은 여행 동안 파편적이고 굴절된 기억의 미로를 헤매다 결국 그가 실현하고자 했던 삶의 공허함을 깨닫게 된다. 여행의 종착지인 콘월의 바닷가 마을에서 스티븐스는 드디어 켄턴을 마주한다. 켄턴은 스티븐스에게 못다한 고백을 솔직하게 한다. "저는 남편을 사랑합니다. 처음에는 아니었어요. 처음 오랫동안은 아니었어요. 그 옛날 달링턴 홀을 떠나올 때만 해도 제가 정말, 영원히 떠나게 될 거라곤 생각지 못했답니다. 그저, 스티븐스 씨, 당신을 약올리기 위한 또 하나의 책략쯤으로만 생각했던 것 같아요." 자신의 선택이 실수였음을 자책할 때면 이따금 스티븐스와 함께 했을 수도 있는 삶을 상상하곤 하지만, 자신이 있어야 할 자리는 남편 곁이라는 사실을 깨닫곤 한다는 켄턴의 말에 스티븐스도 이제 숨김없이 슬픔을 드러낸다. "그녀의 말에는, 여러분도 짐작하겠지만, 내 마음에 슬픔을 불러일으킬 만한 의미가 함축되어 있었다. 이제 와서 뭘 숨기겠는가? 실제로 그 순간, 내 가슴은 갈기갈기 찢기고 있었다."

이렇게 소설의 마지막 부분에서 스티븐스에게 에피퍼니의 순간이 찾아온다. 그러나 스티븐스는 끝까지 철저하게 완벽한 영국인 집사로 남는다. 전형적이고 완벽한 영국인 집사의 가면이 벗겨지고 고뇌에 찬 스티븐스의 목소리가 들리는 바로 그 순간, 스티븐스는 "진정한 영국의 옛 저택"과 "옛날 방식 그대로를 지켜온 진정한 영국인 집사"를 찾아 달링턴 홀을 사들인 부유한 미국인 앞에서 이미 사라진 과거의 영국성, 이미지로만 존재하는 영국성의 살아있는 표본으로 전시되기 위해 달링턴 홀로 돌아가야 한다. 여행의 끝에서 달링턴 홀에서의 자신의 삶에 대한 아픈 자각을 얻고서도 그는 떠나왔던 곳으로 되돌아가야 한다. 아이러니하게도 이러한 자각 후에 스티븐스는 집사라는 자신의 정체성에 대한 새로운 열의를 발견한다는 점이다. 영원히 완벽한 영국인 집사 스티븐스는 달링턴 경으로 상징되는 지나간 시대의 지배 규범 대신, 그 지나간 시대의 흔적을 사들인 페러데이로 상징되는 새로운 세계 질서에 편입되어 새로운 지배 규범을 따르기 위하여 영원한 영국이라는 가상현실로 되돌아가는 것이다.

05

영국 문학의 아이콘: 영국 신사와 영국성

05

신사의 품격

1985년 미국 국립 예술 박물관에서는 「영국의 보가」(The Treasure Houses of Britain)라는 전시회가 열렸다. 영국 문화원 주최, 포드 자동차 회사 지원으로 열린 이 전시회는 영국 전역에 흩어져 있는 200여 곳의 장원에 소장되어 있던 그림, 가구, 도자기, 장식품 및 보석류 590여 점이 전시되었다. 이 전시회는 영국의 장원 문화, 다시 말해서 영국의 신사 문화를 최대 규모로 수집하여 대서양 너머 대중들에게 소개하는 장이었다. 수세기에 걸쳐 축적된 영국의 부와 문화를 드러내는 값진 초상화나 풍경화, 동양에서 수입된 진귀한 도자기와 카펫, 보석류와 가구류를 한꺼번에 볼거리로 제공하는 셈이었다. 잘 다듬어진 넓은 영지에 웅장하게 지어진 대저택의 내부가 어떻게 꾸며져 있는지, 그 안에서의 삶이 어떠할지를 엿보게 해주는 전시회로 영국 문화에 대한 호기심과 동경을 가진 관객들에게 큰 호응을 얻었다.

화려한 「영국의 보가」 전시회가 열리기 9년 전인 1974년, 영국의 빅토리아 앤드 알버트 박물관에서는 영국의 장원에 관한 또 다른 전시회가 열렸다. 「파괴되는 장원, 1875－1975」(The Destruction of the Country House, 1875-1975)이라고 제목이 붙여진 이 전시회는 이미 파괴되어 버린 천여 곳의 장원을 소개하는 사진전이었다. 파괴되고 있거나, 앞으로 곧 사라져 버릴 남아있는 유서 깊은 장원 건축물들의 사진을 전시함으로써 이 전시회는 19세기 말 이래로 지속되어 온 장원과 젠트리의 몰락사를 더듬었다. 이 전시회는 장원을 비롯하여 곧 영국에서 사라져 갈 영국의 문화유산에 대한 인식이 첨예해지는 사회적 계기를 마련한다.

이 두 전시회는 전통적인 장원 문화가 현대 영국에서 차지하는 대조적인 위상을 잘 보여준다. 영국 문화의 표상이라고 할 수 있는 젠트리 문화는 산업화와 도시화의 물결 속에 사라져 가는 과거의 잔재인 동시에 향수와 동경을 불러 일으키는 유산이기도 하다. 나란히 놓고 볼 때, 두 전시회는 영국의 장원이 몰락하는 현실과 문화적 상상력 속에서 화려하게 부활하는 이중적인 현상을 보여준다. 장원 문화는 역사적인 부침을 겪으면서도 영국성의 가시적 표상으로서 문화적 상상력 속에 깊숙이 자리잡고 있다.

이러한 현상은 젠트리 문화와 밀접하게 연관되어 있는 영국 신사의 지형도에도 적용된다. 오스틴의 소설이 보여주듯이, 신사 계층의 지형도는 18세기 후반부터 19세기를 지내오면서 큰 변혁을 겪는다. 중간 계층의 사회적 인지도와 영향력이 커지면서 전통적인 젠트리 신사 문화는 새로운 신사 문화를 수용하는 진통을 겪는다. 포스터의 『하워즈 엔드』는 현대적 계급 사회에서 신사의 지형도가 계급적으로 더욱 분화하는 양상을 추적한다. 윌콕스 가의 남자들은 19세기 이래 영국 사회의 실질적인 지배 계층으로 부상한 신사 계층, 즉 끊임없이 확장을 추구하는 자본의 논리를 따라 영국의 식민지를 경영하고 확장하는 신흥 신사이다. 이에 비해 레너드 바스트는 신사 계층의 가장자리에 위태롭게 있으나, 신사의 도덕적 고결함을 추구하는, 즉 신사가 되기를 열망하는 인물이다. 오스틴의 신사 세계에서 전통적인 젠트리 신사 다아시와 새로운 사관 신사인 웬트워스가 공존하는 반면, 한 세기가 지난 후 포스터의 신사 세계에서는 윌콕스와 바스트가 공존할 수 없다. 윌콕스와 바스트는 모두 몰락한다. 도덕적 이상을 추구하는 신사의 몰락, 사회적 중추 세력으로서의 신사의 몰락 이후 영국 신사는 이시구로의 『지난 날의 잔재』에서 이미 지나가 버린 이상으로 떠오른다.

그러나 영국 신사의 매력은 오늘날 여전하다. 영국 신사의 다양한 모습을 담고 있는 이 소설들은 오늘날에도 꾸준히 독자의 사랑을 받고 있다. 더 나아가 오스틴의 『오만과 편견』의 독자라면 펨벌리의 실제 모델로 알려진 더비셔 지역의 채츠워스 하우스(Chatsworth House)를 방문하고 싶어할 것이다. 오스틴 시대 때부터 영국에서 손꼽히는 관광지였던 채츠워스 하우스는 내셔널 트러스트에 소속된 영국의 장원으로 관람객에게 영지와 저택의 내부를 공개한다. 오스틴이 묘사한 펨벌리의 지형과 대저택을 기억하면서 오스틴의 독자는 펨벌리의 회랑, 숲을 거닐다 이상적인 젠트리 신사인 다아시의 매력을 떠올릴지도 모른다. 1993년 머천트 아이보리 프로덕션(Merchant Ivory Production)에 의해 제작된 영화 〈지난날의 잔재〉는 내셔널 트러스트 소속의 여러 장원들의 풍요롭고 화려한 모습을 담고 있다. 정돈된 자연의 아름다움과 이와 잘 어우러지는 장엄한 건축물, 화려한 만찬장, 활기찬 여우사냥 행사 등을 시각적으로 담아낸 영화 〈지난날의 잔재〉는 이제는 사라지고 있는 귀족과 젠트리 문화를 시각적으로 되살린다. "점잖은 사람들이 넓은 잔디밭에서 차를 마시는" 신화적인 영국이 노스탤지어에 잠긴 노집사의 시선에, 그리고 카메라의 시선에 포착되는 순간 이를 바라보는 독자와 관객도 영국의 젠트리 신사 문화의 매력을 떠올릴 것이다.

오스틴과 포스터, 이시구로의 소설을 읽고 난 후에도 '신사는 누구를 지칭하며 무엇이 신사를 만드는가?'라는 질문은 좀처럼 쉽게 대답할 수 없는 난제로 남는다. 이백 여 년에 거친 이들 소설 속에서 영국 신사는 다양한 모습으로 그려져 왔으며, 동시에 영국성의 아이콘으로, 영국 남성의 표상으로 제시되었다. 지금까지의 논의에서 알 수 있듯이 '신사'라는 영국성의 기호는 영국 역사의 부침과 흐름에 따라 재해석되거나 새로운 의미를 창출하고 있으므로, 그 전형성을 담보하기 어렵다. 다만, 영국 신사라는 문화적 아이콘은 앞으로도 실제와 상상의 경계에서 끊임없이 미끄러지면서 영국성의 문화적 기표로 여전히 작동할 것이며, 새롭게 읽히고 해석되리라고 전망할 뿐이다.

참고문헌

서지문. 『영국소설을 통해 본 영국 신사도의 명암』. 서울: 세창출판사, 2014.

조선정. 『제인 오스틴의 여성적 글쓰기: 『오만과 편견』 새롭게 읽기』. 서울: 민음사, 2012.

Adams, James Eli. "Gentleman, Dandy, Priest: Manliness and Social Authority in Pater's Aestheticism." *ELH* 59.2(1992): 441-66.

Austen, Jane. *Persuasion*. London: Penguin, 1965.

______. *Pride and Prejudice*. NY: W. W. Norton & Company, 2001.

Baudrillard, Jean. "The Procession of Simulacra." *Simulations*. trans. Paul Foss, Paul Patton and Philip Beitchman. NY: Semiotext(e), 1983. 1-80.

Berberich, Christine. *The Image of the English Gentleman in*

Twentieth-Century Literature: Englishness and Nostalgia. Aldershot: Ashgate, 2007.

Carter, Philip. "Polite 'Persons': Character, Biography and the Gentleman." *Transactionsof the Royal Historical Society* 12(2002): 333-54.

Castronovo, David. *The English Gentleman: Images and Ideals in Literature and Society*. NY: Ungar, 1987.

Cohen, Michele. "'Manners' Make the Man: Politeness, Chivalry, and the Construction of Masculinity, 1750-1830." *Journal of British Studies* 44.2(2005): 312-29.

Coss, P. R.. "The Formation of the EnglishGentry." *Past & Present* 147(1995): 38-64.

Dettmar, Kevin J. H.. "Bookcases, Slipcases,Uncut Leaves: The Anxiety of the Gentleman's Library." *Novel: A Forum on Fiction* 39.1(2005): 5-24.

Forster, E. M.. *Howards End*. NY: Vintage Books, 1989.

Gill, Richard. *Happy Rural Seat: The English Country Hose and the LiteraryImagination*. New Haven: Yale UP, 1972.

Gillingham, John. "From Civilitas to Civility: Codes of Manners in

Medieval and Early Modern England." *Transactions of the Royal Historical Society* 12(2002): 267-89.

Girouard, Mark. *The Return to Camelot: Chivalry and the Enlgish Gentleman*. New Haven: Yale UP, 1981.

Glass, Robert E.. "The Image of the Sea Officer in English Literature, 1660-1710." *A Quarterly Journal Concerned with British Studies* 26.4(1994): 583-99.

Hemphill, C. Dallett. "Manners and Class in the Revolutionary Era: A Transatlantic Comparison." *The William and Mary Quarterly* 63.2(2006): 345-72.

Hasler, Stephen. *The English Tribe: Identity, Nation and Europe*. London: Macmillan P Ltd., 1996.

Ishiguro, Kazuo. *The Remains of the Day*. NY: Vintage Books, 1988.

______. Interview with Allan Vorda and Kim Herzinger. "Stuck on the Margins: An Interview with Kazuo Ishiguro." *Face to Face: Interview with Contemporary Novelists*. ed. Allan Vorda. Houston: Rice UP, 1993. 1-36.

Kelsall, Malcolm. *The Great Good Place: The Country House and English Culture*. Cambridge: Cambridge UP, 1993.

Mason, Philip. *The English Gentleman: The Rise and Fall of an Ideal*. NY: William Morrow and Company, Inc., 1982.

Mandler, Peter. *The Fall and Rise of the Stately Home*. New Haven: Yale UP, 1997.

Newman, John Henry. *The Idea of a University*. Ed. Frank M. Turner. New Haven: Yale UP, 1996.

O'Brien, Susie. "Serving a New World Order: Postcolonial Politics in Kazuo Ishiguro's *The Remains of the Day*." *Modern Fiction Studies* 42.4 (1996): 787-806.

Patey, Caroline. "When Ishiguro Visits the West Country: An Essay on *The Remains of the Day*." *Acme: Annali della Facolta di Lettere e Filosofia dell'Universita degli Studi di Milano* 44.2 (1991): 135-55.

Shaffer, Brian W. *Understanding Kazuo Ishiguro*. Columbia: U of South Carolina P, 1998.

Solinger, Jason D.. *Becoming the Gentleman: British Literature and the Invention of Modern Masculinity, 1660-1815*. NY: Palgrave Macmillan, 2012.

Williams, Raymond. *The Country and the City*. 1973. NY: Oxford UP, 1975.